메가스터디 **중학수학**

1일 1개념 드릴북

3·1

이 책의 활용법

"반복하여 연습하면 자신감이 생깁니다!"

중3-1 필수 개념 58개 각각에 대하여 "1일 1개념"의 2쪽을 공부한 후, "1일 1개념 드릴북"의 1쪽으로 반복 연습합니다.

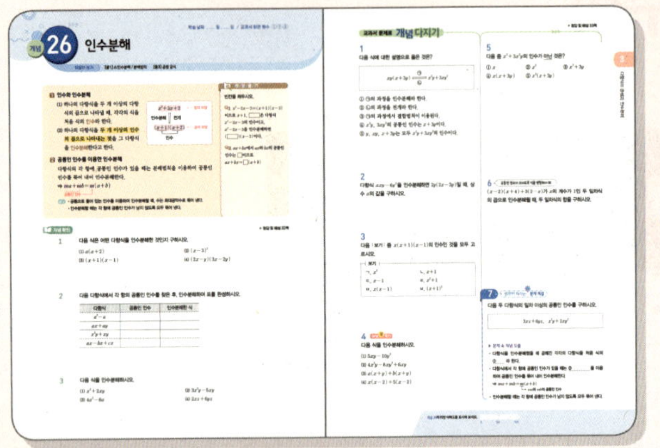

"1일 1개념"으로
1개념 2쪽 **학습**

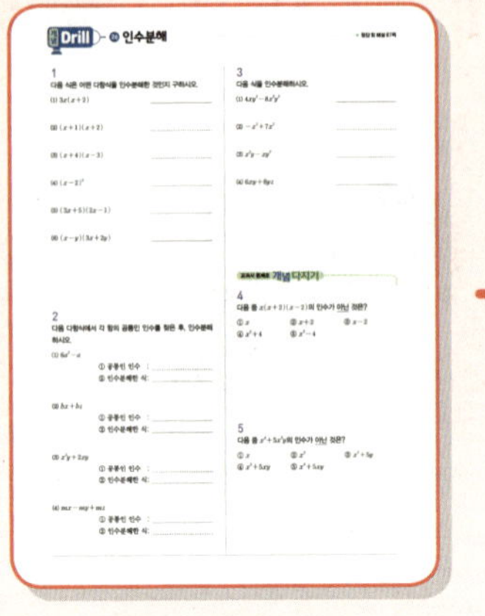

"1일 1개념 드릴북"으로
1개념 1쪽 **반복 학습**

→ 더욱
완벽한
개념 학습

이런 학생에게 "드릴북"을 추천합니다!

✔ "1일 1개념" 공부를 마친 후, **계산력과 개념 이해력을 더욱 강화**하고 싶다!
✔ "1일 1개념" 공부를 마친 후, 추가 공부할 **나만의 숙제가 필요**하다!

이 책의 차례

1

제곱하여 다음 수가 되는 수를 모두 구하시오.

(1) 1 ________________

(2) 9 ________________

(3) 81 ________________

(4) 121 ________________

(5) $\dfrac{4}{49}$ ________________

(6) 0.16 ________________

3

다음 수의 제곱근을 모두 구하시오.

(1) 0 ________________

(2) 1 ________________

(3) 49 ________________

(4) -16 ________________

(5) 0.36 ________________

(6) $\dfrac{81}{25}$ ________________

2

다음 □ 안에 알맞은 수를 쓰고, 주어진 수의 제곱근을 구하시오.

(1)
> 25의 제곱근
> ⇨ 제곱하여 □ 가 되는 수
> ⇨ $x^2 = $ □ 를 만족시키는 x의 값
> ⇨ □ , □

(2)
> 144의 제곱근
> ⇨ 제곱하여 □ 가 되는 수
> ⇨ $x^2 = $ □ 를 만족시키는 x의 값
> ⇨ □ , □

4

다음 중 'x는 16의 제곱근이다.'를 식으로 바르게 나타낸 것은?

① $x = 16^2$ ② $x^2 = 16$ ③ $x^2 = 16^2$

④ $x = 16$ ⑤ $x = -16$

5

7의 제곱근을 A, 11의 제곱근을 B라 할 때, $A^2 + B^2$의 값을 구하시오.

____

1

다음 표를 완성하시오.

a	a의 양의 제곱근	a의 음의 제곱근	a의 제곱근
7			
$\dfrac{1}{10}$			
5^2			
$(-2)^2$			
$\left(\dfrac{2}{3}\right)^2$			
0.09			
169			

2

다음을 근호를 사용하여 나타내시오.

(1) 15의 양의 제곱근　　　　_____________

(2) 15의 음의 제곱근　　　　_____________

(3) 15의 제곱근　　　　_____________

(4) 제곱근 15　　　　_____________

3

다음을 근호를 사용하지 않고 나타내시오.

(1) $\sqrt{4}$　　　　_____________

(2) $-\sqrt{36}$　　　　_____________

(3) $\pm\sqrt{144}$　　　　_____________

(4) $\sqrt{0.25}$　　　　_____________

(5) $-\sqrt{0.01}$　　　　_____________

(6) $\pm\sqrt{\dfrac{25}{121}}$　　　　_____________

4

$(-5)^2$의 양의 제곱근을 A, $\sqrt{16}$의 음의 제곱근을 B라 할 때, $A-B$의 값을 구하시오.

____

5

다음 중 그 값이 나머지 넷과 다른 하나는?

① 9의 제곱근

② 제곱근 9

③ 제곱하여 9가 되는 수

④ ±3

⑤ $x^2=9$를 만족시키는 x의 값

1

다음 값을 구하시오.

(1) $(\sqrt{7})^2$

(2) $\left(-\sqrt{\dfrac{5}{4}}\right)^2$

(3) $-(\sqrt{11})^2$

(4) $-(-\sqrt{1.5})^2$

2

다음 값을 구하시오.

(1) $\sqrt{6^2}$

(2) $\sqrt{(-17)^2}$

(3) $-\sqrt{\left(\dfrac{2}{5}\right)^2}$

(4) $-\sqrt{(-0.3)^2}$

3

다음은 제곱근의 성질을 이용하여 식을 계산하는 과정이다.
□ 안에 알맞은 수를 쓰시오.

(1) $\sqrt{6^2}+(-\sqrt{3})^2$

> $\sqrt{6^2}=\square$, $(-\sqrt{3})^2=\square$ 이므로
> $\sqrt{6^2}+(-\sqrt{3})^2=\square$

(2) $\sqrt{(-10)^2}-(\sqrt{7})^2$

> $\sqrt{(-10)^2}=\square$, $(\sqrt{7})^2=\square$ 이므로
> $\sqrt{(-10)^2}-(\sqrt{7})^2=\square$

4

다음을 계산하시오.

(1) $(\sqrt{5})^2+(-\sqrt{6})^2$

(2) $\sqrt{13^2}-\sqrt{(-4)^2}$

(3) $(\sqrt{3})^2\times\sqrt{(-7)^2}$

(4) $\sqrt{12^2}\div(\sqrt{3})^2$

5

다음 중 그 값이 나머지 넷과 다른 하나는?

① $(\sqrt{2})^2$　　　　② $\sqrt{2^2}$　　　　③ $\sqrt{(-2)^2}$
④ $(-\sqrt{2})^2$　　　　⑤ $-\sqrt{(-2)^2}$

1

다음 □ 안에 알맞은 것을 쓰시오.

(1) $\sqrt{A^2} = \begin{cases} A \geq 0 일\ 때, \boxed{} \\ A < 0 일\ 때, \boxed{} \end{cases}$

(2) $\sqrt{(-A)^2} = \begin{cases} A \geq 0 일\ 때,\ -A \leq 0 이므로 \boxed{} \\ A < 0 일\ 때,\ -A > 0 이므로 \boxed{} \end{cases}$

2

다음 □ 안에 알맞은 식을 쓰시오.

(1) $a > 0$일 때, $\sqrt{(3a)^2} = \boxed{}$

(2) $a < 0$일 때, $\sqrt{(3a)^2} = \boxed{}$

(3) $a > 0$일 때, $\sqrt{(-3a)^2} = -(\boxed{}) = \boxed{}$

(4) $a < 0$일 때, $\sqrt{(-3a)^2} = \boxed{}$

3

다음 □ 안에 알맞은 식을 쓰시오.

(1) $a > 0$일 때, $\sqrt{\left(\dfrac{2}{5}a\right)^2} = \boxed{}$

(2) $a < 0$일 때, $\sqrt{\left(\dfrac{2}{5}a\right)^2} = \boxed{}$

(3) $a > 0$일 때, $\sqrt{(-6a)^2} = -(\boxed{}) = \boxed{}$

(4) $a < 0$일 때, $\sqrt{(-6a)^2} = \boxed{}$

4

$a > 1$일 때, ◯ 안에는 부등호 $>$, $<$ 중 알맞은 것을 쓰고, □ 안에는 알맞은 식을 쓰시오.

(1) $a - 1 \bigcirc 0$이므로 $\sqrt{(a-1)^2} = \boxed{}$

(2) $1 - a \bigcirc 0$이므로 $\sqrt{(1-a)^2} = \boxed{}$

교과서 문제로 **개념 다지기**

5

$a < 0$일 때, $\sqrt{(-a)^2} - \sqrt{(5a)^2}$을 간단히 하면?

① $4a$ ② $2a$ ③ 0
④ $-2a$ ⑤ $-4a$

6

$1 < x < 3$일 때, $\sqrt{(x-1)^2} + \sqrt{(x-3)^2}$을 간단히 하시오.

1

다음 표를 완성하시오.

$\sqrt{(\text{제곱인 수})}$	$\sqrt{(\text{자연수})^2}$	자연수
$\sqrt{9}$		
$\sqrt{36}$		
$\sqrt{144}$		
$\sqrt{169}$		
$\sqrt{900}$		

2

다음은 주어진 식이 자연수가 되도록 하는 가장 작은 자연수 x의 값을 구하는 과정이다. □ 안에 알맞은 수를 쓰시오.

(1) $\sqrt{50x}$

❶ 50을 소인수분해하면
$50 = \boxed{} \times \boxed{}^2$

❷ 50의 소인수 중에서 지수가 홀수인 소인수는 $\boxed{}$ 이다.

❸ $\sqrt{50x} = \sqrt{2 \times 5^2 \times x}$가 자연수가 되려면 자연수 x는 $x = \boxed{} \times (\text{자연수})^2$의 꼴이어야 하므로 가장 작은 자연수 x의 값은 $\boxed{}$ 이다.

(2) $\sqrt{63x}$

❶ 63을 소인수분해하면
$63 = \boxed{}^2 \times \boxed{}$

❷ 63의 소인수 중에서 지수가 홀수인 소인수는 $\boxed{}$ 이다.

❸ $\sqrt{63x} = \sqrt{3^2 \times 7 \times x}$가 자연수가 되려면 자연수 x는 $x = \boxed{} \times (\text{자연수})^2$의 꼴이어야 하므로 가장 작은 자연수 x의 값은 $\boxed{}$ 이다.

(3) $\sqrt{7+x}$

❶ x는 자연수이므로 $\sqrt{7+x}$가 자연수가 되려면 $7+x$가 7보다 큰 제곱인 수이어야 한다.

❷ 7보다 큰 제곱인 수는 $\boxed{}$, $\boxed{}$, $\boxed{}$, …이므로
$7+x = \boxed{}$, $\boxed{}$, $\boxed{}$, …
$\therefore x = \boxed{}$, $\boxed{}$, $\boxed{}$, …

❸ $\sqrt{7+x}$가 자연수가 되도록 하는 가장 작은 자연수 x의 값은 $\boxed{}$ 이다.

(4) $\sqrt{15+x}$

❶ x는 자연수이므로 $\sqrt{15+x}$가 자연수가 되려면 $15+x$가 15보다 큰 제곱인 수이어야 한다.

❷ 15보다 큰 제곱인 수는 $\boxed{}$, $\boxed{}$, $\boxed{}$, …이므로
$15+x = \boxed{}$, $\boxed{}$, $\boxed{}$, …
$\therefore x = \boxed{}$, $\boxed{}$, $\boxed{}$, …

❸ $\sqrt{15+x}$가 자연수가 되도록 하는 가장 작은 자연수 x의 값은 $\boxed{}$ 이다.

교과서 문제로 **개념 다지기**

3

$\sqrt{252a}$가 자연수가 되도록 하는 가장 작은 자연수 a의 값은?

① 1   ② 3   ③ 5
④ 7   ⑤ 9

1

다음 그림은 한 칸의 가로와 세로의 길이가 각각 1인 모눈종이 위에 크기가 다른 두 정사각형 A, B를 겹쳐 그린 것이다. □ 안에 알맞은 수를 쓰시오.

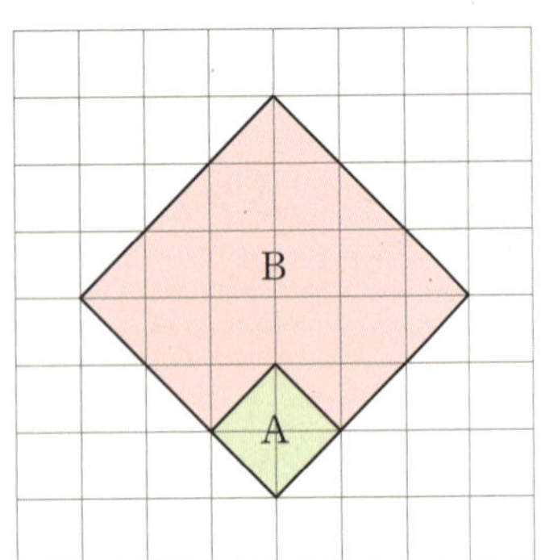

(1) 두 정사각형 A, B의 넓이
　⇨ (정사각형 A의 넓이)=□,
　　(정사각형 B의 넓이)=□

(2) 두 정사각형 A, B의 한 변의 길이
　⇨ (정사각형 A의 한 변의 길이)=□,
　　(정사각형 B의 한 변의 길이)=□

(3) 두 정사각형 A, B의 한 변의 길이의 대소 관계
　⇨ □ < □

2

다음 두 수의 대소를 비교하여 ○ 안에 부등호 >, < 중 알맞은 것을 쓰시오.

(1) $\sqrt{3}$, $\sqrt{5}$

　⇨ 3 ○ 5이므로 $\sqrt{3}$ ○ $\sqrt{5}$

(2) $\sqrt{\dfrac{5}{2}}$, $\sqrt{\dfrac{3}{2}}$

　⇨ $\dfrac{5}{2}$ ○ $\dfrac{3}{2}$이므로 $\sqrt{\dfrac{5}{2}}$ ○ $\sqrt{\dfrac{3}{2}}$

(3) $-\sqrt{4}$, $-\sqrt{10}$

　⇨ $\sqrt{4}$ ○ $\sqrt{10}$이므로 $-\sqrt{4}$ ○ $-\sqrt{10}$

(4) $-\sqrt{\dfrac{1}{7}}$, $-\sqrt{\dfrac{1}{9}}$

　⇨ $\sqrt{\dfrac{1}{7}}$ ○ $\sqrt{\dfrac{1}{9}}$이므로 $-\sqrt{\dfrac{1}{7}}$ ○ $-\sqrt{\dfrac{1}{9}}$

3

다음은 5와 $\sqrt{24}$의 대소를 비교하는 과정이다. (가)~(라)에 알맞은 것을 각각 구하시오.

> **방법1** $5=\sqrt{\boxed{(가)}}$이고 $\boxed{(가)}>24$이므로
> 　　　$5\ \boxed{(나)}\ \sqrt{24}$
>
> **방법2** $5^2=25$이고 $(\sqrt{24}\,)^2=\boxed{(다)}$이므로
> 　　　$5\ \boxed{(라)}\ \sqrt{24}$

(가): _____________

(나): _____________

(다): _____________

(라): _____________

4

다음 중 두 수의 대소 관계가 옳은 것은?

① $\sqrt{8}>4$　　　　　② $\sqrt{17}>\sqrt{18}$

③ $-\sqrt{13}<-\sqrt{15}$　　④ $\sqrt{\dfrac{1}{6}}>\dfrac{1}{5}$

⑤ $\sqrt{0.6}>\sqrt{0.7}$

1

다음 수가 유리수인 것은 '유', 무리수인 것은 '무'를 ( ) 안에 쓰시오.

(1) $-\dfrac{1}{2}$ ( )

(2) π ( )

(3) $2.0\dot{8}$ ( )

(4) $\sqrt{7}$ ( )

(5) $\sqrt{0.36}$ ( )

(6) $-\sqrt{10}$ ( )

(7) $0.\dot{6}$ ( )

(8) $\sqrt{(-11)^2}$ ( )

(9) $\sqrt{29}$ ( )

(10) $-\sqrt{\dfrac{7}{25}}$ ( )

2

무리수와 실수에 대한 다음 설명 중 옳은 것은 ○표, 옳지 않은 것은 ×표를 ( ) 안에 쓰시오.

(1) 유리수는 모두 유한소수이다. ( )

(2) 무한소수는 모두 무리수이다. ( )

(3) $\sqrt{3}$은 순환소수가 아닌 무한소수이다. ( )

(4) 순환소수가 아닌 무한소수는 무리수이다. ( )

(5) 근호를 사용하여 나타낸 수 중에는 유리수인 것도 있다. ( )

(6) 유리수나 무리수가 아닌 실수가 있다. ( )

3

다음 |보기| 중 무리수의 개수는?

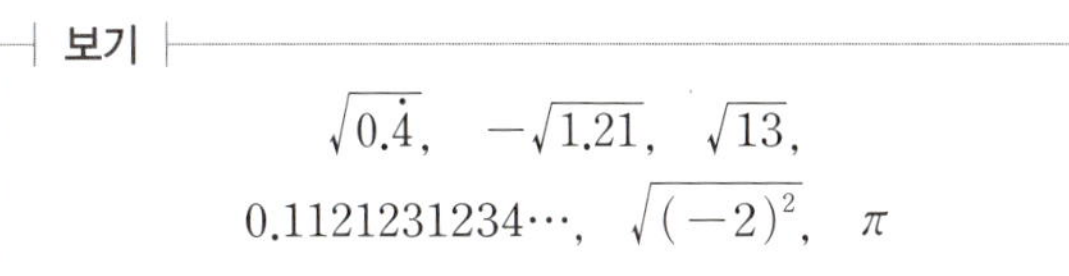

| 보기 |

$$\sqrt{0.\dot{4}}, \quad -\sqrt{1.21}, \quad \sqrt{13},$$
$$0.1121231234\cdots, \quad \sqrt{(-2)^2}, \quad \pi$$

① 1개 ② 2개 ③ 3개
④ 4개 ⑤ 5개

4

다음 중 (가)에 해당하는 수인 것은?

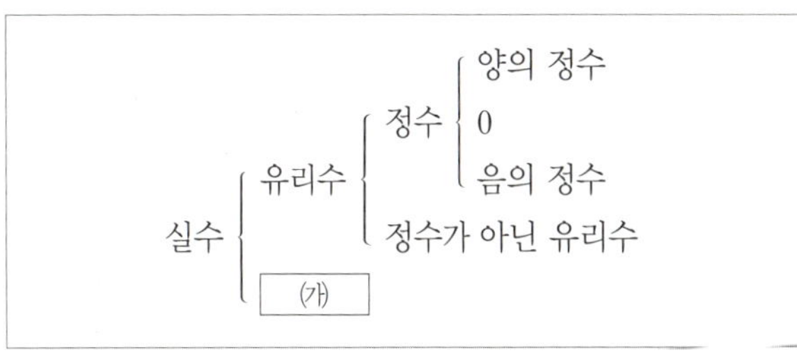

① $\sqrt{25}$ ② 0.1 ③ $\sqrt{\dfrac{16}{81}}$
④ $-\sqrt{10}$ ⑤ 14

08 실수와 수직선

1

실수와 수직선에 대한 다음 설명 중 옳은 것은 ○표, 옳지 <u>않은</u> 것은 ×표를 ( ) 안에 쓰시오.

⑴ $\sqrt{3}$에 대응하는 점은 수직선 위에 나타낼 수 없다.　(　)

⑵ 두 유리수 0과 2 사이에 있는 유리수는 한 개이다.　(　)

⑶ 두 무리수 $\sqrt{3}$과 $\sqrt{5}$ 사이에는 한 개의 자연수가 있다.　(　)

⑷ 수직선 위의 점은 유리수에 대응한다.　(　)

⑸ 서로 다른 두 실수 사이에는 무수히 많은 실수가 있다.　(　)

⑹ 실수 중에서 수직선 위에 나타낼 수 없는 수가 있다.　(　)

2

다음은 두 무리수 $\sqrt{10}$, $\sqrt{-10}$에 대응하는 점을 각각 수직선 위에 나타내는 과정이다. □ 안에 알맞은 수를 쓰시오.

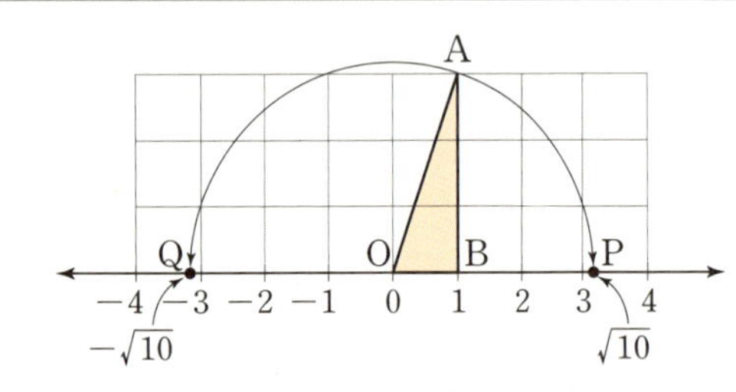

❶ 위의 그림과 같이 한 눈금의 길이가 1인 모눈종이 위에 수직선과 직각삼각형 AOB를 그린다.

❷ 직각삼각형 AOB의 빗변의 길이를 구한다.

$\Rightarrow \overline{OA}=\sqrt{\square^2+\square^2}=\sqrt{\square}$

❸ 원점 O를 중심으로 하고 $\overline{OA}$를 반지름으로 하는 원을 그려 원이 수직선과 만나는 두 점을 각각 P, Q라 하면 두 점 P, Q에 대응하는 수는 각각 □, □이다.

3

다음은 두 무리수 $3+\sqrt{2}$, $3-\sqrt{2}$에 대응하는 점을 각각 수직선 위에 나타내는 과정이다. □ 안에 알맞은 수를 쓰시오.

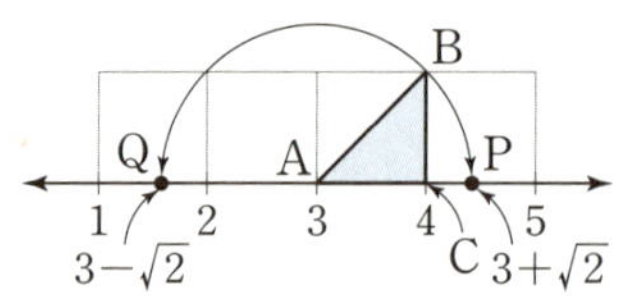

❶ 위의 그림과 같이 한 눈금의 길이가 1인 모눈종이 위에 직각삼각형 ACB를 그린다.

❷ 직각삼각형 ACB의 빗변의 길이를 구한다.

$\Rightarrow \overline{AB}=\sqrt{\square^2+\square^2}=\sqrt{\square}$

❸ 점 A를 중심으로 하고 $\overline{AB}$를 반지름으로 하는 원을 그려 원이 수직선과 만나는 두 점을 각각 P, Q라 하자.

❹ 점 P는 점 A에서 오른쪽으로 $\overline{AP}=\overline{AB}=\square$만큼 떨어진 점이고, 점 Q는 점 A에서 왼쪽으로 $\overline{AQ}=\overline{AB}=\square$만큼 떨어진 점이므로 두 점 P, Q에 대응하는 수는 각각 □, □이다.

4

다음 |보기| 중 옳은 것을 모두 고르시오.

> | 보기 |
>
> ㄱ. 서로 다른 두 무리수 사이에는 무리수만 있다.
>
> ㄴ. 실수 중에서 유리수이면서 동시에 무리수인 수는 없다.
>
> ㄷ. 무리수에 대응하는 점으로 수직선을 완전히 메울 수 있다.

5

오른쪽 그림의 정사각형 ABCD에서 $\overline{AC}=\overline{AP}$, $\overline{BD}=\overline{BQ}$일 때, 두 점 P, Q에 대응하는 수를 각각 구하시오.

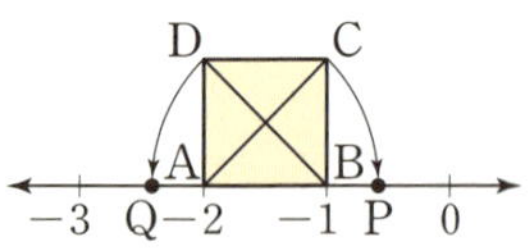

1

다음은 두 실수의 대소를 비교하는 과정이다. ◯ 안에 부등호 $>$, $<$ 중 알맞은 것을 쓰시오.

(1) $\sqrt{5}+1$, 3

> **방법1** $(\sqrt{5}+1)-3=\sqrt{5}-2$
> 이때 $\sqrt{5}\ \bigcirc\ 2$에서 $\sqrt{5}-2\ \bigcirc\ 0$이므로
> $(\sqrt{5}+1)-3\ \bigcirc\ 0$ $\quad\therefore\ \sqrt{5}+1\ \bigcirc\ 3$
>
> **방법2** $\sqrt{5}\ \bigcirc\ 2(=\sqrt{4})$이므로 양변에 1을 더하면
> $\sqrt{5}+1\ \bigcirc\ 3$

(2) $\sqrt{3}+1$, $\sqrt{2}+1$

> **방법1** $(\sqrt{3}+1)-(\sqrt{2}+1)=\sqrt{3}-\sqrt{2}$
> 이때 $\sqrt{3}\ \bigcirc\ \sqrt{2}$에서 $\sqrt{3}-\sqrt{2}\ \bigcirc\ 0$이므로
> $(\sqrt{3}+1)-(\sqrt{2}+1)\ \bigcirc\ 0$
> $\therefore\ \sqrt{3}+1\ \bigcirc\ \sqrt{2}+1$
>
> **방법2** $\sqrt{3}\ \bigcirc\ \sqrt{2}$이므로 양변에 1을 더하면
> $\sqrt{3}+1\ \bigcirc\ \sqrt{2}+1$

2

다음 ◯ 안에 부등호 $>$, $<$ 중 알맞은 것을 쓰시오.

(1) $2+\sqrt{10}\ \bigcirc\ 5$

(2) $4+\sqrt{11}\ \bigcirc\ 8$

(3) $2+\sqrt{5}\ \bigcirc\ 2+\sqrt{6}$

(4) $\sqrt{2}+\sqrt{7}\ \bigcirc\ 1+\sqrt{7}$

3

다음은 세 수 $a=\sqrt{6}+1$, $b=\sqrt{5}+1$, $c=3$의 대소를 비교하는 과정이다. ◯ 안에 부등호 $>$, $<$ 중 알맞은 것을 쓰시오.

> $a-b=(\sqrt{6}+1)-(\sqrt{5}+1)=\sqrt{6}-\sqrt{5}\ \bigcirc\ 0$
> $\therefore\ a\ \bigcirc\ b$
> $b-c=(\sqrt{5}+1)-3=\sqrt{5}-2\ \bigcirc\ 0$
> $\therefore\ b\ \bigcirc\ c$
> $a\ \bigcirc\ b$, $b\ \bigcirc\ c$이므로 $c\ \bigcirc\ b\ \bigcirc\ a$

4

다음 중 두 실수의 대소 관계가 옳은 것은?

① $1<4-\sqrt{11}$

② $\sqrt{6}-2>1$

③ $2-\sqrt{3}>\sqrt{5}-\sqrt{3}$

④ $-\sqrt{7}-3>-\sqrt{10}-3$

⑤ $\sqrt{3}+\sqrt{5}>\sqrt{5}+\sqrt{7}$

5

다음 세 수 a, b, c의 대소 관계로 옳은 것은?

> $$a=\sqrt{6}+4,\quad b=6,\quad c=6-\sqrt{2}$$

① $a<b<c$ ② $b<a<c$ ③ $b<c<a$

④ $c<a<b$ ⑤ $c<b<a$

1

다음을 간단히 하시오.

(1) $\sqrt{2} \times \sqrt{7}$

(2) $\sqrt{5}\sqrt{3}$

(3) $-\sqrt{6} \times \sqrt{7}$

(4) $3\sqrt{2} \times 5\sqrt{11}$

2

다음 □ 안에 알맞은 수를 쓰시오.

(1) $\sqrt{\dfrac{5}{3}} \times \sqrt{\dfrac{18}{5}} = \sqrt{\dfrac{5}{3} \times \boxed{}} = \sqrt{\boxed{}}$

(2) $\sqrt{3}\sqrt{5}\sqrt{7} = \sqrt{\boxed{} \times \boxed{} \times \boxed{}} = \sqrt{\boxed{}}$

3

다음을 간단히 하시오.

(1) $\sqrt{42} \div \sqrt{6}$

(2) $\dfrac{\sqrt{33}}{\sqrt{11}}$

(3) $\sqrt{56} \div (-\sqrt{8})$

(4) $4\sqrt{30} \div 2\sqrt{6}$

4

다음 □ 안에 알맞은 수를 쓰시오.

$$\sqrt{21} \div \dfrac{\sqrt{7}}{\sqrt{13}} = \sqrt{21} \times \dfrac{\sqrt{\boxed{}}}{\sqrt{7}} = \sqrt{21 \times \boxed{}} = \sqrt{\boxed{}}$$

5

다음 중 옳지 <u>않은</u> 것은?

① $\sqrt{5}\sqrt{6} = \sqrt{30}$

② $-\sqrt{3}\sqrt{27} = -9$

③ $2\sqrt{2}\sqrt{3} = 2\sqrt{6}$

④ $\sqrt{\dfrac{3}{7}} \times \sqrt{\dfrac{14}{3}} = 2$

⑤ $\sqrt{\dfrac{2}{3}} \times 7\sqrt{\dfrac{11}{10}} = 7\sqrt{\dfrac{11}{15}}$

6

제곱근의 나눗셈을 이용하여 $\sqrt{10}$ 은 $\dfrac{\sqrt{2}}{\sqrt{5}}$ 의 몇 배인지 구하시오.

개념 Drill ⑪ 근호가 있는 식의 변형

1

$a>0$, $b>0$일 때, $\sqrt{a^2b}=a\sqrt{b}$임을 이용하여 다음 □ 안에 알맞은 수를 쓰시오.

$$\sqrt{24}=\sqrt{2^3\times3}=\sqrt{\boxed{}\times2\times3}$$
$$=\sqrt{\boxed{}}\times\sqrt{6}=\boxed{}\times\sqrt{6}$$
$$=\boxed{}$$

2

다음 □ 안에 알맞은 수를 쓰시오.

(1) $\sqrt{28}=\sqrt{\boxed{}^2\times7}=\boxed{}\sqrt{7}$

(2) $-\sqrt{75}=-\sqrt{\boxed{}^2\times3}=-\boxed{}\sqrt{3}$

(3) $\sqrt{200}=\sqrt{\boxed{}^2\times2}=\boxed{}\sqrt{2}$

(4) $\sqrt{288}=\sqrt{\boxed{}^2\times2}=\boxed{}\sqrt{2}$

(5) $-\sqrt{1000}=-\sqrt{\boxed{}^2\times10}=-\boxed{}\sqrt{10}$

(6) $\sqrt{\dfrac{11}{49}}=\sqrt{\dfrac{11}{\boxed{}^2}}=\dfrac{\sqrt{11}}{\boxed{}}$

(7) $\sqrt{0.18}=\sqrt{\dfrac{\boxed{}}{100}}=\sqrt{\dfrac{\boxed{}^2\times2}{10^2}}=\dfrac{\boxed{}\sqrt{2}}{10}$

3

다음 □ 안에 알맞은 수를 쓰시오.

(1) $5\sqrt{5}=\sqrt{\boxed{}^2\times5}=\sqrt{\boxed{}}$

(2) $\dfrac{\sqrt{35}}{12}=\sqrt{\dfrac{35}{\boxed{}^2}}=\sqrt{\boxed{}}$

(3) $-\dfrac{\sqrt{7}}{5}=-\sqrt{\dfrac{7}{\boxed{}^2}}=-\sqrt{\boxed{}}$

교과서 문제로 개념 다지기

4

$3\sqrt{2}=\sqrt{a}$, $\sqrt{63}=3\sqrt{b}$를 만족시키는 유리수 a, b에 대하여 $a+b$의 값은?

① 22 　　② 23 　　③ 24
④ 25 　　⑤ 26

5

다음 |보기| 중 옳은 것을 모두 고르시오.

| 보기 |

ㄱ. $\sqrt{\dfrac{10}{9}}=\dfrac{\sqrt{10}}{3}$ 　　　ㄴ. $\sqrt{\dfrac{20}{25}}=\dfrac{\sqrt{2}}{5}$

ㄷ. $\sqrt{\dfrac{21}{27}}=\dfrac{\sqrt{7}}{3}$ 　　　ㄹ. $\sqrt{0.12}=\dfrac{\sqrt{3}}{10}$

ㅁ. $-\sqrt{\dfrac{24}{49}}=-\dfrac{2\sqrt{3}}{7}$

1

다음 제곱근표를 이용하여 □ 안에 알맞은 수를 쓰시오.

수	0	1	2	3	4
4.5	2.121	2.124	2.126	2.128	2.131
4.6	2.145	2.147	2.149	2.152	2.154
4.7	2.168	2.170	2.173	2.175	2.177
4.8	2.191	2.193	2.195	2.198	2.200
4.9	2.214	2.216	2.218	2.220	2.223

(1) $\sqrt{4.52}=$ □

(2) $\sqrt{4.74}=$ □

(3) $\sqrt{4.6}=$ □

(4) $\sqrt{4.91}=$ □

2

다음 제곱근표를 이용하여 □ 안에 알맞은 수를 쓰시오.

수	0	1	2	3	4	5
2.4	1.549	1.552	1.556	1.559	1.562	1.565
2.5	1.581	1.584	1.587	1.591	1.594	1.597
2.6	1.612	1.616	1.619	1.622	1.625	1.628
2.7	1.643	1.646	1.649	1.652	1.655	1.658

(1) $\sqrt{2.42}=$ □

(2) $\sqrt{□}=1.591$

(3) $\sqrt{□}=1.616$

(4) $\sqrt{2.74}=$ □

3

$\sqrt{7}=2.646$, $\sqrt{70}=8.367$일 때, 다음 □ 안에 알맞은 수를 쓰시오.

(1) $\sqrt{700}=\sqrt{7\times□}=□\sqrt{7}$
$=□\times 2.646=□$

(2) $\sqrt{7000}=\sqrt{70\times□}=□\sqrt{70}$
$=□\times 8.367=□$

(3) $\sqrt{0.07}=\sqrt{\dfrac{7}{□}}=\dfrac{\sqrt{7}}{□}$
$=\dfrac{2.646}{□}=□$

(4) $\sqrt{0.007}=\sqrt{\dfrac{70}{□}}=\dfrac{\sqrt{70}}{□}$
$=\dfrac{8.367}{□}=□$

교과서 문제로 **개념 다지기**

4

$\sqrt{3.8}=1.949$, $\sqrt{38}=6.164$일 때, 다음 중 옳지 <u>않은</u> 것은?

① $\sqrt{3800}=61.64$

② $\sqrt{380}=19.49$

③ $\sqrt{0.38}=0.6164$

④ $\sqrt{0.038}=0.1949$

⑤ $\sqrt{0.0038}=0.006164$

1

다음은 $\dfrac{\sqrt{3}}{\sqrt{5}}$ 의 분모를 유리화하는 과정이다. (가)~(라)에 알맞은 수를 각각 구하시오.

$$\frac{\sqrt{3}}{\sqrt{5}}=\frac{\sqrt{3}\times\boxed{\text{(가)}}}{\sqrt{5}\times\boxed{\text{(나)}}}=\frac{\sqrt{\boxed{\text{(다)}}}}{(\sqrt{5})^2}=\frac{\sqrt{\boxed{\text{(라)}}}}{5}$$

(가): _______________

(나): _______________

(다): _______________

(라): _______________

2

다음은 수의 분모를 유리화하는 과정이다. □ 안에 알맞은 수를 쓰시오.

(1) $\dfrac{1}{\sqrt{6}}=\dfrac{1\times\boxed{}}{\sqrt{6}\times\boxed{}}=\boxed{}$

(2) $\dfrac{7}{\sqrt{13}}=\dfrac{7\times\boxed{}}{\sqrt{13}\times\boxed{}}=\boxed{}$

(3) $\dfrac{1}{2\sqrt{3}}=\dfrac{1\times\boxed{}}{2\sqrt{3}\times\boxed{}}=\boxed{}$

(4) $\dfrac{11}{4\sqrt{3}}=\dfrac{11\times\boxed{}}{4\sqrt{3}\times\boxed{}}=\boxed{}$

(5) $\dfrac{\sqrt{5}}{\sqrt{28}}=\dfrac{\sqrt{5}}{2\sqrt{7}}=\dfrac{\sqrt{5}\times\boxed{}}{2\sqrt{7}\times\boxed{}}=\boxed{}$

(6) $\dfrac{\sqrt{2}}{\sqrt{63}}=\dfrac{\sqrt{2}}{3\sqrt{7}}=\dfrac{\sqrt{2}\times\boxed{}}{3\sqrt{7}\times\boxed{}}=\boxed{}$

3

다음 수의 분모를 유리화하시오.

(1) $\dfrac{1}{\sqrt{7}}$ _______________

(2) $\dfrac{3}{\sqrt{5}}$ _______________

(3) $-\dfrac{\sqrt{17}}{\sqrt{3}}$ _______________

(4) $\dfrac{3\sqrt{3}}{4\sqrt{15}}$ _______________

(5) $\dfrac{2}{\sqrt{14}}$ _______________

4

다음 중 분모를 유리화한 것으로 옳지 <u>않은</u> 것은?

① $\dfrac{1}{\sqrt{11}}=\dfrac{\sqrt{11}}{11}$　　　② $\dfrac{\sqrt{2}}{\sqrt{5}}=\dfrac{\sqrt{10}}{5}$

③ $\dfrac{\sqrt{6}}{\sqrt{20}}=\dfrac{3\sqrt{10}}{10}$　　　④ $\dfrac{2}{3\sqrt{6}}=\dfrac{\sqrt{6}}{9}$

⑤ $\dfrac{4\sqrt{3}}{5\sqrt{2}}=\dfrac{2\sqrt{6}}{5}$

1

다음 그림의 삼각형에 대하여 표를 완성하시오.

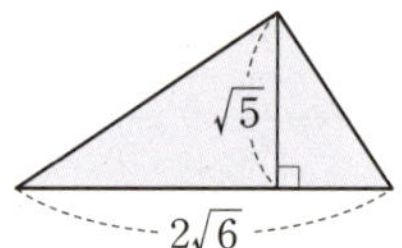

밑변의 길이	$2\sqrt{6}$
높이	$\sqrt{5}$
넓이	

2

다음 그림의 사각형에 대하여 표를 완성하시오.

(1)

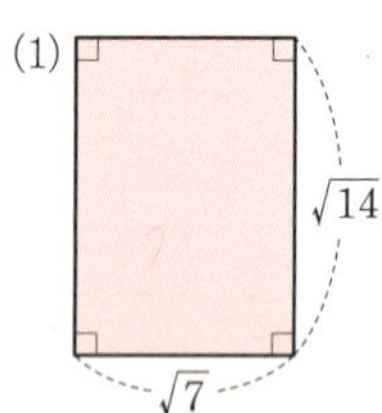

가로의 길이	$\sqrt{7}$
세로의 길이	$\sqrt{14}$
넓이	

(2)

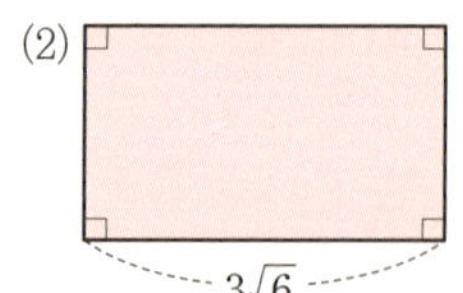

가로의 길이	$3\sqrt{6}$
세로의 길이	
넓이	$18\sqrt{3}$

3

다음 그림의 원에 대하여 표를 완성하시오.

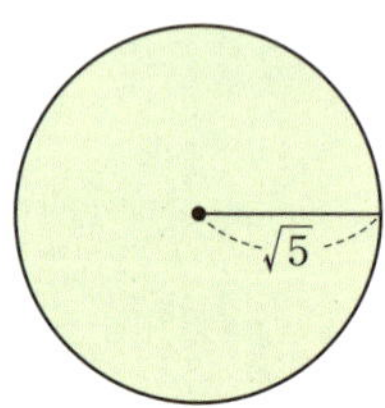

반지름의 길이	$\sqrt{5}$
넓이	

4

다음 그림의 직육면체에 대하여 표를 완성하시오.

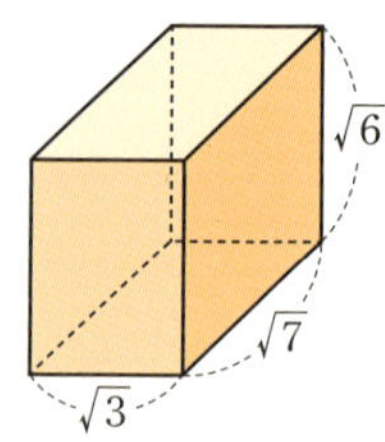

밑넓이	
높이	$\sqrt{6}$
부피	

교과서 문제로 **개념 다지기**

5

다음 그림의 삼각형과 직사각형의 넓이가 서로 같을 때, 삼각형의 높이 x의 값을 구하시오.

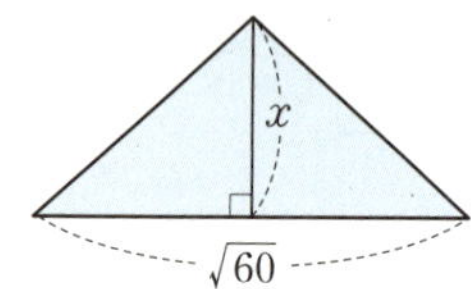
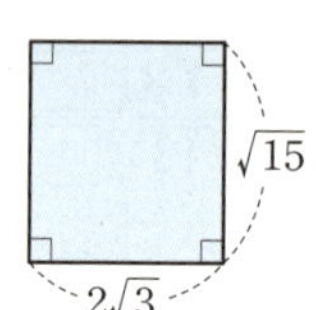

1

다음을 계산하시오.

(1) $2\sqrt{3}+3\sqrt{3}$

(2) $\sqrt{2}+10\sqrt{2}$

(3) $12\sqrt{7}+2\sqrt{7}$

(4) $\sqrt{3}-6\sqrt{3}$

(5) $7\sqrt{6}-10\sqrt{6}$

(6) $-3\sqrt{7}-8\sqrt{7}$

2

다음을 계산하시오.

(1) $4\sqrt{3}+5\sqrt{3}-6\sqrt{3}$

(2) $6\sqrt{7}-15\sqrt{7}+7\sqrt{7}$

(3) $-2\sqrt{17}+4\sqrt{17}-6\sqrt{17}$

(4) $6\sqrt{11}+\sqrt{11}+8\sqrt{23}-10\sqrt{23}$

(5) $3\sqrt{10}-10\sqrt{5}-2\sqrt{10}+4\sqrt{5}$

3

다음을 계산하시오.

(1) $\sqrt{27}-\sqrt{75}$

(2) $\sqrt{45}+\sqrt{20}$

(3) $4\sqrt{2}-\dfrac{2}{\sqrt{2}}$

(4) $\dfrac{3}{\sqrt{3}}-\sqrt{48}$

교과서 문제로 개념 다지기

4

$3\sqrt{24}-\dfrac{\sqrt{32}}{4}+\sqrt{96}+\dfrac{12}{\sqrt{8}}=a\sqrt{2}+b\sqrt{6}$일 때, 유리수 a, b에 대하여 $b-a$의 값은?

① 6   ② 8   ③ 10

④ 12   ⑤ 14

1

다음을 계산하시오.

(1) $\sqrt{2}(\sqrt{2}+\sqrt{6})$ ____________

(2) $2\sqrt{6}(\sqrt{5}+\sqrt{8})$ ____________

(3) $\sqrt{2}(\sqrt{11}-2\sqrt{3})$ ____________

(4) $\sqrt{5}(3\sqrt{7}-4\sqrt{3})$ ____________

(5) $(3\sqrt{3}+2\sqrt{6})\div\sqrt{3}$ ____________

2

다음은 수의 분모를 유리화하는 과정이다. □ 안에 알맞은 수를 쓰시오.

(1) $\dfrac{\sqrt{5}+\sqrt{3}}{\sqrt{7}}=\dfrac{(\sqrt{5}+\sqrt{3})\times\boxed{}}{\sqrt{7}\times\boxed{}}=\boxed{}$

(2) $\dfrac{\sqrt{6}-2}{\sqrt{3}}=\dfrac{(\sqrt{6}-2)\times\boxed{}}{\sqrt{3}\times\boxed{}}=\boxed{}$

(3) $\dfrac{\sqrt{11}+3\sqrt{2}}{\sqrt{2}}=\dfrac{(\sqrt{11}+3\sqrt{2})\times\boxed{}}{\sqrt{2}\times\boxed{}}=\boxed{}$

(4) $\dfrac{2\sqrt{5}-\sqrt{10}}{\sqrt{5}}=\dfrac{(2\sqrt{5}-\sqrt{10})\times\boxed{}}{\sqrt{5}\times\boxed{}}=\boxed{}$

(5) $\dfrac{2\sqrt{3}+3\sqrt{2}}{\sqrt{6}}=\dfrac{(2\sqrt{3}+3\sqrt{2})\times\boxed{}}{\sqrt{6}\times\boxed{}}=\boxed{}$

3

다음을 계산하시오.

(1) $\sqrt{10}\times\sqrt{5}+\sqrt{2}$ ____________

(2) $2\sqrt{6}\div\sqrt{3}-3\sqrt{2}$ ____________

(3) $5\sqrt{10}-\sqrt{18}\times\sqrt{5}$ ____________

(4) $\sqrt{15}+4\sqrt{3}\div2\sqrt{5}$ ____________

(5) $\sqrt{5}\times\sqrt{15}-\sqrt{24}\times\dfrac{1}{\sqrt{8}}$ ____________

4

$\sqrt{3}(\sqrt{18}-\sqrt{12})-\sqrt{2}(\sqrt{8}+\sqrt{12})=a+b\sqrt{6}$을 만족시키는 유리수 a, b에 대하여 $a+b$의 값은?

① -10 ② -9 ③ -8
④ -6 ⑤ -5

5

$\sqrt{2}(\sqrt{8}+3\sqrt{5})+\dfrac{5\sqrt{2}-\sqrt{5}}{\sqrt{5}}$ 를 계산하시오.

____

1

다음 그림과 같은 도형의 둘레의 길이를 구하시오.

(1)
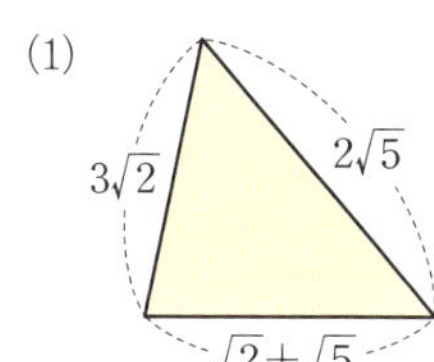

(2)
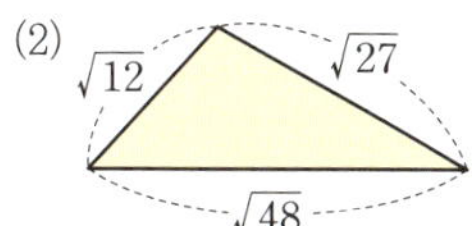

(3)
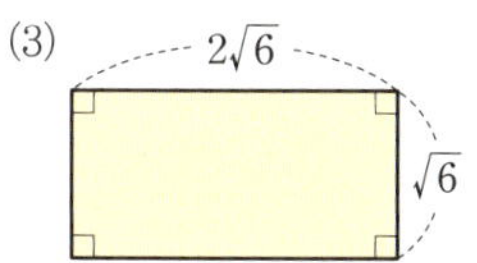

(4)
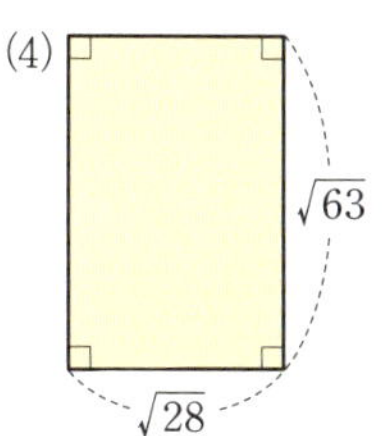

2

다음 그림과 같은 도형의 넓이를 구하시오.

(1)
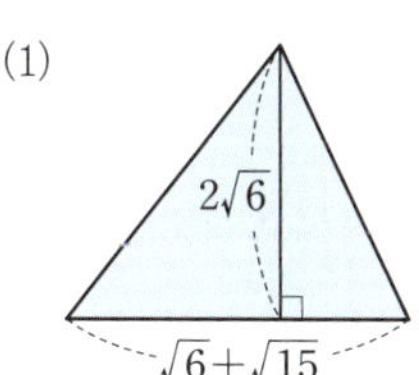

(2)
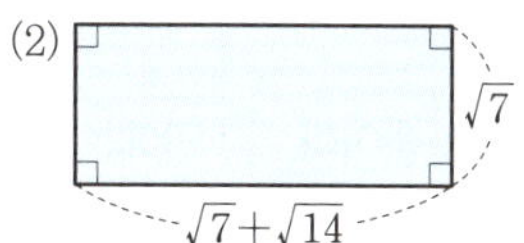

(3)
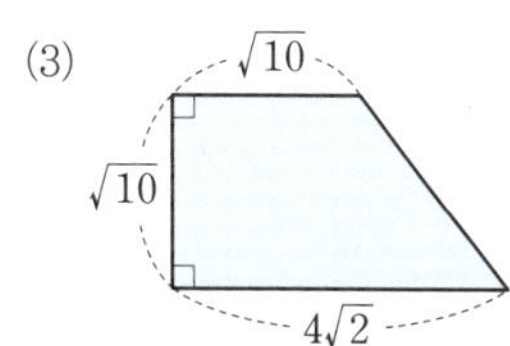

교과서 문제로 **개념 다지기**

3

다음 그림과 같은 직육면체의 부피가 $24\sqrt{6}$일 때, 이 직육면체의 모든 모서리의 길이의 합을 구하시오.

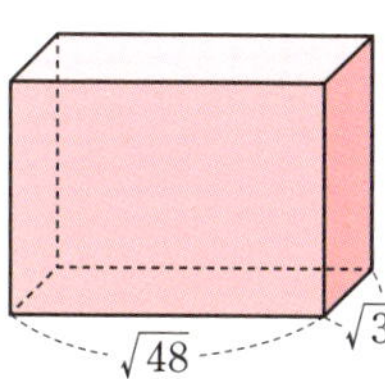

1

다음은 두 실수의 대소를 비교하는 과정이다. □ 안에는 알맞은 수를 쓰고, ○ 안에는 부등호 $>$, $<$ 중 알맞은 것을 쓰시오.

(1) $3\sqrt{10}$, $\sqrt{5}+2\sqrt{10}$

$$3\sqrt{10}-(\sqrt{5}+2\sqrt{10})$$
$$=\boxed{}-\sqrt{5}-\boxed{}$$
$$=\boxed{}-\sqrt{5}\bigcirc 0$$
$$\therefore 3\sqrt{10}\bigcirc\sqrt{5}+2\sqrt{10}$$

(2) $10-\sqrt{7}$, $3+2\sqrt{7}$

$$(10-\sqrt{7})-(3+2\sqrt{7})$$
$$=\boxed{}-\sqrt{7}-3-\boxed{}$$
$$=\boxed{}-3\sqrt{7}$$
$$=\sqrt{\boxed{}}-\sqrt{63}\bigcirc 0$$
$$\therefore 10-\sqrt{7}\bigcirc 3+2\sqrt{7}$$

(3) $2\sqrt{5}-\sqrt{6}$, $\sqrt{6}-\sqrt{5}$

$$(2\sqrt{5}-\sqrt{6})-(\sqrt{6}-\sqrt{5})$$
$$=2\sqrt{5}-\boxed{}-\sqrt{6}+\boxed{}$$
$$=\boxed{}-2\sqrt{6}$$
$$=\sqrt{\boxed{}}-\sqrt{24}\bigcirc 0$$
$$\therefore 2\sqrt{5}-\sqrt{6}\bigcirc\sqrt{6}-\sqrt{5}$$

2

다음 두 실수의 대소를 비교하여 ○ 안에 부등호 $>$, $<$ 중 알맞은 것을 쓰시오.

(1) $4\sqrt{3}\bigcirc\sqrt{5}+2\sqrt{3}$

(2) $4+\sqrt{5}\bigcirc 2+2\sqrt{5}$

(3) $2-\sqrt{2}\bigcirc -1+\sqrt{2}$

(4) $\sqrt{3}-1\bigcirc 2\sqrt{3}-3$

(5) $3-\sqrt{7}\bigcirc -2+\sqrt{7}$

(6) $\sqrt{8}+5\bigcirc 6+\sqrt{2}$

3

다음 중 두 실수의 대소 관계가 옳은 것은?

① $-2\sqrt{3}>-3$
② $5+\sqrt{2}<\sqrt{18}+2$
③ $\sqrt{6}+\sqrt{2}<\sqrt{6}+1$
④ $\sqrt{3}+3\sqrt{7}>\sqrt{3}+2\sqrt{15}$
⑤ $4\sqrt{2}-3\sqrt{3}<\sqrt{8}-\sqrt{12}$

1

다음은 분배법칙을 이용하여 식을 전개하는 과정이다.
☐ 안에 알맞은 것을 쓰시오.

(1) $(a+3)(b+4)=ab+\boxed{}+3b+\boxed{}$

(2) $(x-1)(y+4)=xy+\boxed{}-y-\boxed{}$

(3) $(a+4)(a+5)=a^2+5a+\boxed{}a+\boxed{}$
　　　　　　　　$=a^2+\boxed{}a+\boxed{}$

(4) $(y+1)(y-5)=y^2-\boxed{}y+y-\boxed{}$
　　　　　　　　$=y^2-\boxed{}y-\boxed{}$

(5) $(x+y)(x+3y)=x^2+3\boxed{}+xy+\boxed{}$
　　　　　　　　　$=x^2+\boxed{}xy+\boxed{}$

(6) $(x-2y)(3x+y)=3x^2+xy-\boxed{}-\boxed{}y^2$
　　　　　　　　　$=3x^2-\boxed{}-\boxed{}$

2

다음은 분배법칙을 이용하여 식을 전개하는 과정이다.
☐ 안에 알맞은 것을 쓰시오.

(1) $(x+1)^2=x^2+2\times x\times\boxed{}+1^2$
　　　　　$=x^2+\boxed{}x+\boxed{}$

(2) $(a+3)^2=a^2+2\times a\times\boxed{}+\boxed{}^2$
　　　　　$=a^2+\boxed{}a+\boxed{}$

(3) $(x+4)^2=x^2+2\times x\times\boxed{}+\boxed{}^2$
　　　　　$=x^2+\boxed{}x+\boxed{}$

(4) $(y+7)^2=y^2+2\times y\times\boxed{}+\boxed{}^2$
　　　　　$=y^2+\boxed{}y+\boxed{}$

3

다음은 분배법칙을 이용하여 식을 전개하는 과정이다.
☐ 안에 알맞은 것을 쓰시오.

(1) $(x-2)^2=x^2-2\times x\times\boxed{}+2^2$
　　　　　$=x^2-\boxed{}x+\boxed{}$

(2) $(y-3)^2=y^2-2\times y\times\boxed{}+\boxed{}^2$
　　　　　$=y^2-\boxed{}y+\boxed{}$

(3) $(a-7)^2=a^2-2\times a\times\boxed{}+\boxed{}^2$
　　　　　$=a^2-\boxed{}a+\boxed{}$

(4) $(x-9)^2=x^2-2\times x\times\boxed{}+9^2$
　　　　　$=x^2-\boxed{}x+\boxed{}$

교과서 문제로 개념 다지기

4

다음 중 옳지 <u>않은</u> 것은?

① $(x+6)^2=x^2+12x+36$

② $(-a+3)^2=a^2-6a+9$

③ $(3x-5)^2=9x^2-25$

④ $\left(\dfrac{1}{4}x+1\right)^2=\dfrac{1}{16}x^2+\dfrac{1}{2}x+1$

⑤ $(3a-b)^2=9a^2-6ab+b^2$

5

$(2a+b)(-5b+a-3)$의 전개식에서 ab의 계수를 구하시오.

1

다음은 분배법칙을 이용하여 식을 전개하는 과정이다.
□ 안에 알맞은 것을 쓰시오.

(1) $(x+1)(x-1)=x^2-\square^2=x^2-\square$

(2) $(y+2)(y-2)=y^2-\square^2=y^2-\square$

(3) $\left(a+\dfrac{1}{3}\right)\left(a-\dfrac{1}{3}\right)=a^2-\left(\square\right)^2=a^2-\square$

(4) $(a+7)(-a+7)=(7+a)(7-a)=7^2-\square^2$
$=49-\square$

(5) $(-a+5)(a+5)=(5-a)(5+a)=5^2-\square^2$
$=25-\square$

(6) $(-x+3)(-x-3)=(\square)^2-3^2=\square^2-\square$

2

다음 식을 전개하시오.

(1) $(3a+2)(3a-2)$ _________

(2) $\left(\dfrac{1}{4}x+5\right)\left(\dfrac{1}{4}x-5\right)$ _________

(3) $(x+2y)(x-2y)$ _________

(4) $(a+4b)(a-4b)$ _________

(5) $(7x+y)(7x-y)$ _________

(6) $(5a+3b)(5a-3b)$ _________

3

다음 식을 전개하시오.

(1) $(8-a)(-8-a)$ _________

(2) $(-6+x)(6+x)$ _________

(3) $(1+4a)(1-4a)$ _________

(4) $\left(\dfrac{1}{5}+x\right)\left(-\dfrac{1}{5}+x\right)$ _________

(5) $(x+2y)(-x+2y)$ _________

(6) $(-7x+y)(-7x-y)$ _________

교과서 문제로 개념 다지기

4

$(3x+a)(3x-a)=9x^2-64$일 때, 양수 a의 값을 구하시오.

____

5

다음 □ 안에 알맞은 수를 쓰시오.

(1) $(4a^2+1)(4a^2-1)=16a^\square-\square$

(2) $(x-3)(x+3)(x^2+9)=(x^\square-\square)(x^2+9)$
$=x^\square-\square$

1

다음 식을 전개하시오.

(1) $(x+4)(x+6)$

(2) $(x+1)(x+5)$

(3) $(x+7)(x+2)$

(4) $(x-2)(x-5)$

(5) $(x-1)(x-7)$

(6) $(x-6)(x-3)$

(7) $(x+1)(x-4)$

(8) $(x-3)(x+7)$

(9) $(x+8)(x-3)$

(10) $(x-4y)(x-y)$

(11) $(x+6y)(x-3y)$

(12) $(x-7y)(x+4y)$

2

다음 식을 전개하시오.

(1) $(3x+1)(4x+3)$

(2) $(4x+3)(2x+5)$

(3) $(3x+7)(4x+1)$

(4) $(3x-1)(4x-2)$

(5) $(2x-9)(3x-5)$

(6) $(2x-1)(4x-3)$

(7) $(3x+4)(2x-3)$

(8) $(2x-5)(3x+1)$

(9) $(4x+7)(2x-5)$

(10) $(2x-3y)(4x-5y)$

(11) $(5x-9y)(3x+4y)$

(12) $(4x-7y)(2x+5y)$

3

다음 중 옳은 것은?

① $(x+5)(x+3)=x^2+15x+8$

② $(a+b)(a-5b)=a^2-5ab-5b^2$

③ $(3x+1)(x-4)=3x^2-x-4$

④ $(-2a+3b)(4a-7b)=-8a^2-21b^2$

⑤ $(3x+5)(-x+2)=-3x^2+x+10$

1

다음 수를 계산할 때 이용하면 가장 편리한 곱셈 공식을 | 보기 |에서 고르시오.

┌─| 보기 |─────────────────────────┐
ㄱ. $(a-b)^2=a^2-2ab+b^2$ (단, $b>0$)
ㄴ. $(a+b)(a-b)=a^2-b^2$
ㄷ. $(x+a)(x+b)=x^2+(a+b)x+ab$
ㄹ. $(a+b)^2=a^2+2ab+b^2$ (단, $b>0$)
└─────────────────────────────────┘

(1) 21^2 ____________

(2) 59^2 ____________

(3) 41×39 ____________

(4) 81×83 ____________

2

곱셈 공식을 이용하여 다음을 계산하시오.
(단, ①~③의 과정을 모두 쓴다.)

(1) $51^2=(50+1)^2$
$\quad = 50^2+2\times50\times1+1^2$ ··· ①
$\quad = 2500+100+1$ ··· ②
$\quad = $ ____________ ··· ③

(2) $62^2=(60+2)^2$
$\quad = $ ____________ ··· ①
$\quad = $ ____________ ··· ②
$\quad = $ ____________ ··· ③

(3) $88^2=(90-2)^2$
$\quad = $ ____________ ··· ①
$\quad = $ ____________ ··· ②
$\quad = $ ____________ ··· ③

(4) $399^2=(400-1)^2$
$\quad = $ ____________ ··· ①
$\quad = $ ____________ ··· ②
$\quad = $ ____________ ··· ③

(5) $31 \times 29=(30+1)(30-1)$
$\quad = $ ____________ ··· ①
$\quad = $ ____________ ··· ②
$\quad = $ ____________ ··· ③

(6) $101 \times 99=(100+1)(100-1)$
$\quad = $ ____________ ··· ①
$\quad = $ ____________ ··· ②
$\quad = $ ____________ ··· ③

(7) $62 \times 64=(60+2)(60+4)$
$\quad = $ ____________ ··· ①
$\quad = $ ____________ ··· ②
$\quad = $ ____________ ··· ③

(8) $38 \times 39=(40-2)(40-1)$
$\quad = $ ____________ ··· ①
$\quad = $ ____________ ··· ②
$\quad = $ ____________ ··· ③

교과서 문제로 **개념 다지기**

3

다음 중 5.03×4.97을 계산할 때 이용하면 가장 편리한 곱셈 공식은?

① $(a+b)^2=a^2+2ab+b^2$ (단, $b>0$)
② $(a-b)^2=a^2-2ab+b^2$ (단, $b>0$)
③ $(a+b)(a-b)=a^2-b^2$
④ $(x+a)(x+b)=x^2+(a+b)x+ab$
⑤ $(ax+b)(cx+d)=acx^2+(ad+bc)x+bd$

1

다음을 계산하시오.

(1) $(\sqrt{3}-\sqrt{7})^2$ ______________

(2) $(2\sqrt{3}-\sqrt{2})^2$ ______________

(3) $(\sqrt{5}+\sqrt{2})(\sqrt{5}-\sqrt{2})$ ______________

(4) $(\sqrt{3}-2\sqrt{7})(\sqrt{3}+2\sqrt{7})$ ______________

(5) $(2\sqrt{3}+\sqrt{2})(2\sqrt{3}-\sqrt{2})$ ______________

(6) $(\sqrt{10}+\sqrt{5})(\sqrt{5}-\sqrt{10})$ ______________

(7) $(\sqrt{3}-1)(\sqrt{3}-2)$ ______________

(8) $(\sqrt{5}+3\sqrt{2})(\sqrt{5}-2\sqrt{2})$ ______________

2

다음은 수의 분모를 유리화하는 과정이다. □ 안에 알맞은 수를 쓰시오.

(1) $\dfrac{\sqrt{3}}{\sqrt{2}+1}=\dfrac{\sqrt{3}\times(\boxed{})}{(\sqrt{2}+1)\times(\boxed{})}=\boxed{}$

(2) $\dfrac{2}{2+\sqrt{3}}=\dfrac{2\times(\boxed{})}{(2+\sqrt{3})\times(\boxed{})}=\boxed{}$

(3) $\dfrac{1}{\sqrt{2}+\sqrt{5}}=\dfrac{1\times(\boxed{})}{(\sqrt{2}+\sqrt{5})\times(\boxed{})}=\boxed{}$

(4) $\dfrac{\sqrt{5}}{\sqrt{3}+\sqrt{2}}=\dfrac{\sqrt{5}\times(\boxed{})}{(\sqrt{3}+\sqrt{2})\times(\boxed{})}=\boxed{}$

(5) $\dfrac{3}{\sqrt{7}-\sqrt{5}}=\dfrac{3\times(\boxed{})}{(\sqrt{7}-\sqrt{5})\times(\boxed{})}$

$=\boxed{}$

(6) $\dfrac{1}{2\sqrt{2}-\sqrt{7}}=\dfrac{1\times(\boxed{})}{(2\sqrt{2}-\sqrt{7})\times(\boxed{})}$

$=\boxed{}$

(7) $\dfrac{2}{2\sqrt{3}+\sqrt{10}}=\dfrac{2\times(\boxed{})}{(2\sqrt{3}+\sqrt{10})\times(\boxed{})}$

$=\boxed{}$

(8) $\dfrac{\sqrt{6}+\sqrt{5}}{\sqrt{6}-\sqrt{5}}=\dfrac{(\sqrt{6}+\sqrt{5})\times(\boxed{})}{(\sqrt{6}-\sqrt{5})\times(\boxed{})}$

$=\boxed{}$

교과서 문제로 개념 다지기

3

$(\sqrt{3}+1)^2-(2-\sqrt{5})(2+\sqrt{5})$ 를 계산하면?

① $3+2\sqrt{3}$ 　　　　　② $5-\sqrt{3}$

③ $5+\sqrt{3}$ 　　　　　④ $5-2\sqrt{3}$

⑤ $5+2\sqrt{3}$

4

$\dfrac{2}{\sqrt{7}+\sqrt{3}}$ 의 분모를 유리화하면 $a\sqrt{3}+b\sqrt{7}$ 일 때, 유리수 a, b에 대하여 $2a+4b$의 값을 구하시오.

____

1

$a+b=4$, $ab=3$일 때, □ 안에 알맞은 수를 쓰시오.

(1) $a^2+b^2=(a+b)^2-\square\,ab$

$\qquad =4^2-\square\times3=\square$

(2) $(a-b)^2=(a+b)^2-\square\,ab$

$\qquad =4^2-\square\times3=\square$

2

$a-b=2$, $ab=3$일 때, □ 안에 알맞은 수를 쓰시오.

(1) $a^2+b^2=(a-b)^2+\square\,ab$

$\qquad =2^2-\square\times3=\square$

(2) $(a+b)^2=(a-b)^2+\square\,ab$

$\qquad =2^2+\square\times3=\square$

3

다음은 곱셈 공식을 이용하여 식의 값을 구하는 과정이다.
□ 안에 알맞은 수를 쓰시오.

(1) $x=\sqrt{3}+2$일 때, x^2-4x의 값

$x=\sqrt{3}+2$에서 $x-\square=\sqrt{3}$이므로
이 식의 양변을 제곱하면
$(x-\square)^2=(\sqrt{3})^2$
$x^2-4x+\square=3$
$\therefore\ x^2-4x=\square$

(2) $x=\sqrt{7}-5$일 때, $x^2+10x-7$의 값

$x=\sqrt{7}-5$에서 $x+\square=\sqrt{7}$이므로
이 식의 양변을 제곱하면
$(x+\square)^2=(\sqrt{7})^2$
$x^2+\square x+25=7$, $x^2+10x=\square$
$\therefore\ x^2+10x-7=\square$

(3) $x=\sqrt{5}-3$일 때, x^2+6x의 값

$x=\sqrt{5}-3$에서 $x+\square=\sqrt{5}$이므로
이 식의 양변을 제곱하면
$(x+\square)^2=(\sqrt{5})^2$
$x^2+6x+\square=5$
$\therefore\ x^2+6x=\square$

(4) $x=5+\sqrt{6}$일 때, $x^2-10x+10$의 값

$x=5+\sqrt{6}$에서 $x-\square=\sqrt{6}$이므로
이 식의 양변을 제곱하면
$(x-\square)^2=(\sqrt{6})^2$
$x^2-10x+\square=6$, $x^2-10x=\square$
$\therefore\ x^2-10x+10=\square$

교과서 문제로 개념 다지기

4

$x+y=1$, $xy=-6$일 때, 다음 식의 값을 구하시오.

(1) x^2+y^2

(2) $(x-y)^2$

(3) $\dfrac{1}{x}+\dfrac{1}{y}$

(4) $\dfrac{y}{x}+\dfrac{x}{y}$

1

다음 그림에서 색칠한 직사각형에 대하여 다음을 구하시오.
(단, 넓이는 전개하여 나타내시오.)

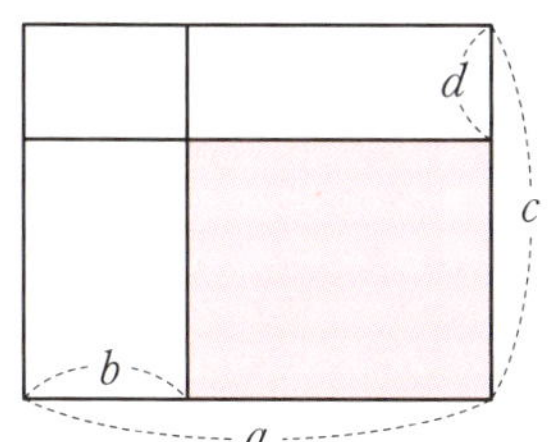

(1) 가로의 길이　　　＿＿＿＿＿＿＿

(2) 세로의 길이　　　＿＿＿＿＿＿＿

(3) 넓이　　　　　　＿＿＿＿＿＿＿

2

다음 그림에서 색칠한 직사각형에 대하여 다음을 구하시오.
(단, 넓이는 전개하여 나타내시오.)

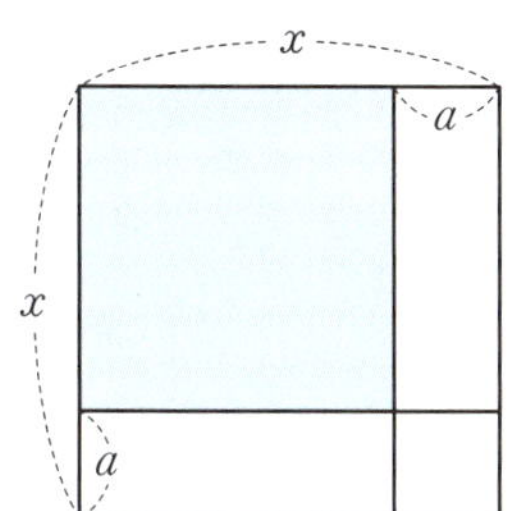

(1) 가로의 길이　　　＿＿＿＿＿＿＿

(2) 세로의 길이　　　＿＿＿＿＿＿＿

(3) 넓이　　　　　　＿＿＿＿＿＿＿

3

다음 그림에서 색칠한 직사각형에 대하여 다음을 구하시오.
(단, 넓이는 전개하여 나타내시오.)

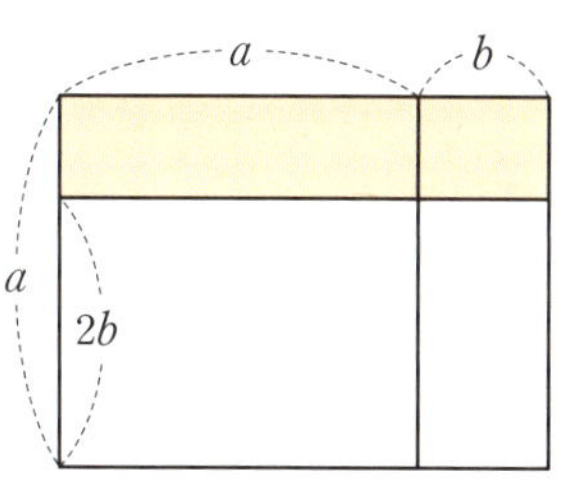

(1) 가로의 길이　　　＿＿＿＿＿＿＿

(2) 세로의 길이　　　＿＿＿＿＿＿＿

(3) 넓이　　　　　　＿＿＿＿＿＿＿

교과서 문제로 **개념 다지기**

4

다음 그림과 같은 도형의 넓이를 구하시오.

(1)

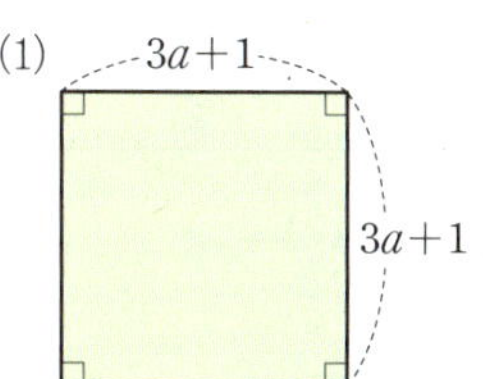

＿＿＿＿＿＿＿

(2)

＿＿＿＿＿＿＿

1

다음 식은 어떤 다항식을 인수분해한 것인지 구하시오.

(1) $3x(x+2)$ ____________________

(2) $(x+1)(x+2)$ ____________________

(3) $(x+4)(x-3)$ ____________________

(4) $(x-2)^2$ ____________________

(5) $(3x+5)(2x-1)$ ____________________

(6) $(x-y)(3x+2y)$ ____________________

2

다음 다항식에서 각 항의 공통인 인수를 찾은 후, 인수분해하시오.

(1) $6a^2-a$

　　　① 공통인 인수　：____________________
　　　② 인수분해한 식：____________________

(2) $bx+bz$

　　　① 공통인 인수　：____________________
　　　② 인수분해한 식：____________________

(3) x^2y+2xy

　　　① 공통인 인수　：____________________
　　　② 인수분해한 식：____________________

(4) $mx-my+mz$

　　　① 공통인 인수　：____________________
　　　② 인수분해한 식：____________________

3

다음 식을 인수분해하시오.

(1) $4xy^2-8x^2y^3$ ____________________

(2) $-x^3+7x^2$ ____________________

(3) x^2y-xy^2 ____________________

(4) $6xy+8yz$ ____________________

교과서 문제로 **개념 다지기**

4

다음 중 $x(x+2)(x-2)$의 인수가 <u>아닌</u> 것은?

① x　　　　② $x+2$　　　　③ $x-2$
④ x^2+4　　⑤ x^2-4

5

다음 중 x^4+5x^2y의 인수가 <u>아닌</u> 것은?

① x　　　　② x^2　　　　③ x^2+5y
④ x^3+5xy　　⑤ x^4+5xy

1

다음 $\square$ 안에 알맞은 수를 쓰고, 주어진 식을 인수분해하시오.

(1) $x^2+10x+25=x^2+2\times x\times\square+\square^2$
$$=(x+\square)^2$$

(2) $9a^2-24a+16=(\square a)^2-2\times\square a\times\square+\square^2$
$$=(\square a-\square)^2$$

(3) $x^2+12x+36$ _______________

(4) $25x^2-20x+4$ _______________

(5) $8x^2+8x+2$ _______________

(6) $3x^2-30x+75$ _______________

2

다음 $\square$ 안에 알맞은 수를 쓰고, 주어진 식이 완전제곱식이 되도록 하는 상수 A의 값을 모두 구하시오.

(1) $x^2+22x+A=x^2+2\times x\times\square+A$
$$\Rightarrow A=\square^2=\square$$

(2) $x^2+Ax+49=x^2+Ax+(\pm7)^2$
$$\Rightarrow A=2\times(\square)=\square$$

(3) $x^2-20x+A$ _______________

(4) $x^2+Ax+81$ _______________

3

다음 $\square$ 안에 알맞은 수를 쓰고, 주어진 식이 완전제곱식이 되도록 하는 상수 A의 값을 모두 구하시오.

(1) $25x^2+20x+A=(5x)^2+2\times5x\times2+A$
$$\Rightarrow A=\square^2=\square$$

(2) $9x^2+Ax+16=(3x)^2+Ax+(\pm4)^2$
$$\Rightarrow A=2\times\square\times(\pm4)=\square$$

(3) $4x^2-24x+A$ _______________

(4) $16x^2+Ax+25$ _______________

4

다음 | 보기 | 중 $x^2+ax+64$가 완전제곱식이 되도록 하는 상수 a의 값을 모두 고르시오.

보기

| ㄱ. -16 | ㄴ. -8 | ㄷ. 8 |
| ㄹ. 16 | ㅁ. 18 | |

____

1

다음 □ 안에 알맞은 수를 쓰시오.

(1) $x^2-49=x^2-\boxed{}^2$
$\qquad =(x+\boxed{})(x-7)$

(2) $9x^2-1=(\boxed{}x)^2-\boxed{}^2$
$\qquad =(\boxed{}x+1)(3x-\boxed{})$

(3) $121-x^2=\boxed{}^2-x^2$
$\qquad =(\boxed{}+x)(\boxed{}-x)$

(4) $81x^2-4=(\boxed{}x)^2-\boxed{}^2$
$\qquad =(\boxed{}x+2)(9x-\boxed{})$

(5) $4x^2-9y^2=(\boxed{}x)^2-(\boxed{}y)^2$
$\qquad =(2x+\boxed{}y)(\boxed{}x-3y)$

(6) $64x^2-81y^2=(\boxed{}x)^2-(\boxed{}y)^2$
$\qquad =(8x+\boxed{}y)(\boxed{}x-9y)$

(7) $4x^2-16y^2=(\boxed{}x)^2-(\boxed{}y)^2$
$\qquad =(\boxed{}x+4y)(2x-\boxed{}y)$

(8) $-25x^2+y^2=y^2-25x^2$
$\qquad =y^2-(\boxed{}x)^2$
$\qquad =(y+\boxed{}x)(y-\boxed{}x)$

(9) $\dfrac{9}{25}x^2-\dfrac{1}{36}y^2=\left(\boxed{}x\right)^2-\left(\boxed{}y\right)^2$
$\qquad =\left(\dfrac{3}{5}x+\boxed{}y\right)\left(\dfrac{3}{5}x-\boxed{}y\right)$

2

다음 식을 인수분해하시오.

(1) a^2-36

(2) $x^2-\dfrac{1}{100}$

(3) $16x^2-49$

(4) $-4x^2+y^2$

(5) $25x^2-16y^2$

(6) $\dfrac{9}{4}x^2-\dfrac{49}{64}y^2$

교과서 문제로 **개념** 다지기

3

$25x^2-4$가 x의 계수가 1이 아닌 자연수이고 상수항이 정수인 두 일차식의 곱으로 인수분해될 때, 두 일차식의 합을 구하시오.

1

다음 조건을 만족시키는 두 정수를 구하시오.

(1) 합이 6, 곱이 5인 두 정수

____

(2) 합이 1, 곱이 -6인 두 정수

____

(3) 합이 7, 곱이 12인 두 정수

____

(4) 합이 -12, 곱이 35인 두 정수

____

(5) 합이 -15, 곱이 36인 두 정수

____

(6) 합이 1, 곱이 -72인 두 정수

____

2

다음 □ 안에 알맞은 수를 쓰고, 주어진 식을 인수분해하시오.

(1) x^2-x-6
- ⇨ 곱이 -6이고 합이 -1인 두 정수는 □, □이다.
- ⇨ $x^2-x-6=$ _______________

(2) x^2-6x+5
- ⇨ 곱이 5이고 합이 -6인 두 정수는 □, □이다.
- ⇨ $x^2-6x+5=$ _______________

(3) $x^2+3x-10$
- ⇨ 곱이 -10이고 합이 3인 두 정수는 □, □이다.
- ⇨ $x^2+3x-10=$ _______________

(4) x^2-x-56
- ⇨ 곱이 -56이고 합이 -1인 두 정수는 □, □이다.
- ⇨ $x^2-x-56=$ _______________

(5) $x^2-4x-12$
- ⇨ 곱이 -12이고 합이 -4인 두 정수는 □, □이다.
- ⇨ $x^2-4x-12=$ _______________

(6) $x^2+5x-24$
- ⇨ 곱이 -24이고 합이 5인 두 정수는 □, □이다.
- ⇨ $x^2+5x-24=$ _______________

(7) $x^2-15x+56$
- ⇨ 곱이 56이고 합이 -15인 두 정수는 □, □이다.
- ⇨ $x^2-15x+56=$ _______________

(8) $x^2-7x-18$
- ⇨ 곱이 -18이고 합이 -7인 두 정수는 □, □이다.
- ⇨ $x^2-7x-18=$ _______________

교과서 문제로 **개념다지기**

3

다음 중 옳지 <u>않은</u> 것을 모두 고르면? (정답 2개)

① $x^2-8x+7=(x-1)(x-7)$
② $x^2+9x-36=(x+3)(x-12)$
③ $x^2+3x-18=(x-3)(x+6)$
④ $x^2-4xy-12y^2=(x-2y)(x+6y)$
⑤ $x^2+9xy+14y^2=(x+2y)(x+7y)$

1

다음 식을 인수분해하시오.

(1) $3x^2+8x+4=$ ________________

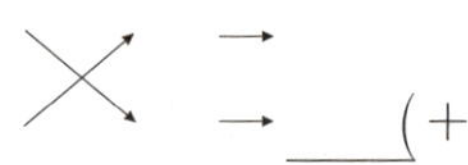

(2) $4x^2+x-3=$ ________________

(3) $2x^2-9x+7=$ ________________

(4) $6x^2-5xy-6y^2=$ ________________

(5) $6x^2+5x-21$ ________________

(6) $9x^2-6x-8$ ________________

(7) $3x^2+7xy+2y^2$ ________________

(8) $8x^2-2xy-3y^2$ ________________

(9) $4x^2+7xy+3y^2$ ________________

(10) $9x^2-3xy-2y^2$ ________________

2

다음 식을 인수분해하시오.

(1) $3x^2-16x+5$ ________________

(2) $5x^2-2x-3$ ________________

(3) $7x^2+2x-5$ ________________

(4) $6x^2-x-1$ ________________

교과서 문제로 개념 다지기

3

$8x^2-18xy-5y^2=(ax+by)(cx+y)$일 때, 상수 a, b, c에 대하여 $a+b+c$의 값을 구하시오.

____

1

다음 수를 계산할 때 이용하면 가장 편리한 인수분해 공식을 | 보기 |에서 골라 □ 안에 쓰고, 수를 계산하시오.

| 보기 |

ㄱ. $a^2-2ab+b^2=(a-b)^2$ (단, $b>0$)

ㄴ. $a^2-b^2=(a+b)(a-b)$

ㄷ. $ma+mb=m(a+b)$

ㄹ. $a^2+2ab+b^2=(a+b)^2$ (단, $b>0$)

(1) $16\times48+16\times52$

⇨ □ 이용, ______________

(2) 98^2-2^2

⇨ □ 이용, ______________

(3) $49^2+2\times49\times1+1$

⇨ □ 이용, ______________

(4) $105\times55-105\times53$

⇨ □ 이용, ______________

(5) $103^2-2\times103\times3+9$

⇨ □ 이용, ______________

(6) $\sqrt{51^2-49^2}$

⇨ □ 이용, ______________

2

다음은 인수분해 공식을 이용하여 식의 값을 구하는 과정이다. □ 안에 알맞은 것을 쓰시오.

(1) $x=95$일 때, $x^2-10x+25$의 값

$$x^2-10x+25=(x-\boxed{})^2$$
$$=(95-\boxed{})^2$$
$$=\boxed{}^2$$
$$=\boxed{}$$

(2) $x=68$, $y=32$일 때, x^2-y^2의 값

$$x^2-y^2=(x+y)(x-y)$$
$$=(68+\boxed{})(\boxed{}-32)$$
$$=100\times\boxed{}$$
$$=\boxed{}$$

(3) $x=\sqrt{5}+\sqrt{2}$, $y=\sqrt{5}-\sqrt{2}$일 때, $x^2+2xy+y^2$의 값

$$x^2+2xy+y^2=(\boxed{})^2$$
$$=\{(\sqrt{5}+\sqrt{2})+(\boxed{})\}^2$$
$$=(\boxed{})^2$$
$$=\boxed{}$$

3

다음 | 보기 | 중 $6\times31^2-12\times31+6$을 계산할 때 이용하면 가장 편리한 인수분해 공식을 모두 고르시오.

| 보기 |

ㄱ. $ma+mb=m(a+b)$

ㄴ. $a^2-2ab+b^2=(a-b)^2$ (단, $b>0$)

ㄷ. $a^2+2ab+b^2=(a+b)^2$ (단, $b>0$)

ㄹ. $a^2-b^2=(a+b)(a-b)$

ㅁ. $x^2+(a+b)x+ab=(x+a)(x+b)$

____

4

$x+y=4$, $x-y=\sqrt{5}$일 때, x^2-y^2의 값을 구하시오.

____

1

다음은 주어진 다항식의 인수분해를 넓이가 x^2, x, 1인 직사각형을 이용하여 설명하는 과정이다. □ 안에 알맞은 식을 쓰시오.

(1) 다항식 x^2+4x+4의 인수분해

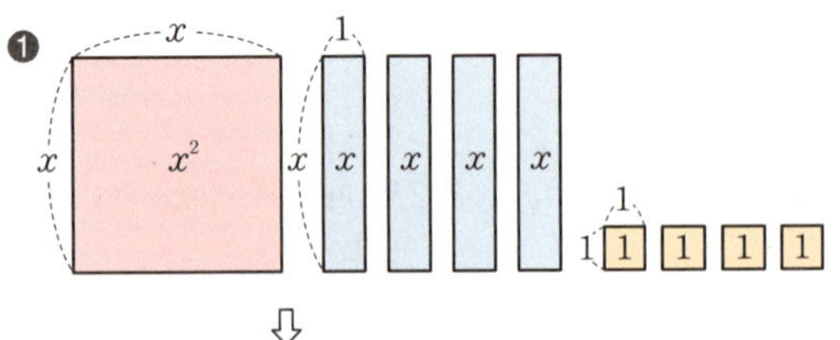

❶ 주어진 직사각형 9개의 넓이의 합은 x^2+4x+4

❷ ❶의 모든 직사각형을 빈틈없이 겹치지 않게 이어 붙이면 한 변의 길이가 $x+2$인 정사각형을 만들 수 있고, 그 넓이는 □이다.
이때 새로 만든 직사각형의 넓이는 주어진 직사각형 9개의 넓이의 합과 같으므로
$x^2+4x+4=$□

(2) 다항식 x^2+5x+6의 인수분해

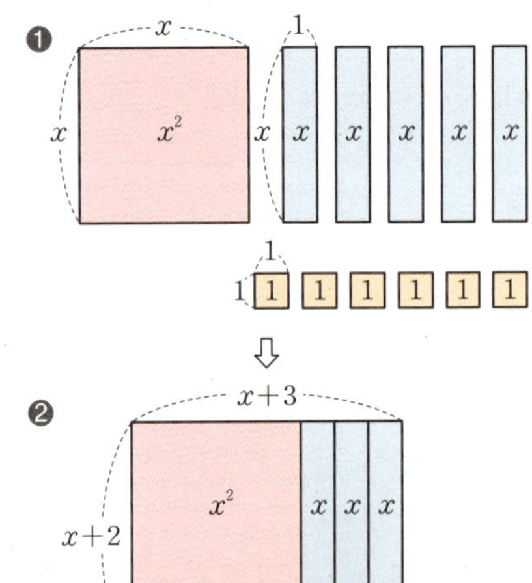

❶ 주어진 직사각형 12개의 넓이의 합은 x^2+5x+6

❷ ❶의 모든 직사각형을 빈틈없이 겹치지 않게 이어 붙이면 가로의 길이가 $x+3$, 세로의 길이가 □인 직사각형을 만들 수 있고, 그 넓이는 □이다.
이때 새로 만든 직사각형의 넓이는 주어진 직사각형 12개의 넓이의 합과 같으므로
$x^2+5x+6=$□

2

다음 그림과 같이 가로의 길이가 $3x+5$인 직사각형의 넓이가 $6x^2+13x+5$일 때, 다음 물음에 답하시오.

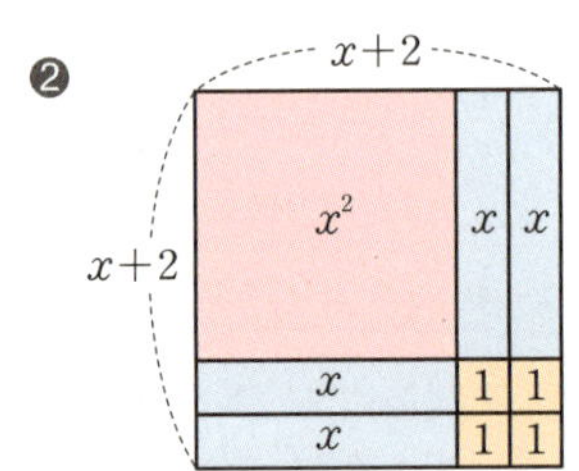

(1) 직사각형의 세로의 길이를 구하시오.

(2) 직사각형의 둘레의 길이를 구하시오.

개념 Drill · ③③ 복잡한 식의 인수분해

1

다음 □ 안에 알맞은 것을 쓰고, 주어진 식을 인수분해하시오.

(1)
$(x-2)^2-4(x-2)+4$
$=A^2-4A+4$ ← $x-2$를 A로 놓는다.
$=(A-\square)^2$
$=(\square-2)^2$ ← A에 $x-2$를 대입한다.
$=(x-\square)^2$

(2)
$(x-2y)^2-14(x-2y)+48$
$=A^2-14A+48$ ← $x-2y$를 A로 놓는다.
$=(A-6)(A-8)$
$=(\square-6)(x-2y-\square)$ ← A에 $x-2y$를 대입한다.

(3)
$(x+6)^2-25$
$=A^2-5^2$ ← $x+6$을 A로 놓는다.
$=(A+\square)(A-5)$
$=(x+6+\square)(\square-5)$ ← A에 $x+6$을 대입한다.
$=(x+\square)(x+\square)$

2

다음 □ 안에 알맞은 것을 쓰고, 주어진 식을 인수분해하시오.

(1)
$x^2-xy+y-x$
$=(x^2-xy)-(x-y)$
$=x(x-\square)-(x-\square)$
$=(x-1)(x-\square)$

(2)
$2xy+y-2x-1$
$=(2xy+y)-(2x+1)$
$=y(\square)-(\square)$
$=(y-1)(\square)$

3

다음 □ 안에 알맞은 것을 쓰고, 주어진 식을 인수분해하시오.

(1)
$x^2-y^2+10y-25$
$=x^2-(y^2-10y+25)$
$=x^2-(\square)^2$
$=(x+\square)(\square)$

(2)
$x^2+y^2-9-2xy$
$=(x^2-2xy+y^2)-9$
$=(x-y)^2-\square^2$
$=(x-y+\square)(\square)$

교과서 문제로 개념 다지기

4

$(x+5)^2-9(x+5)+14=(x+a)(x+b)$일 때, 상수 a, b에 대하여 ab의 값을 구하시오.

5

$a^2-b^2+ac-bc$를 인수분해하면?

① $(a+b)(a-b)$ ② $(a-b)(a+b+c)$
③ $(a-b)(a+b-c)$ ④ $(a+b)(a-b+c)$
⑤ $(a+b)(a-b-c)$

1

다음 중 이차방정식인 것은 ○표, 이차방정식이 <u>아닌</u> 것은 ×표를 ( ) 안에 쓰시오.

(1) $x^2+x-1=0$ ( )

(2) $2x^2+3x-1$ ( )

(3) $4x^2=0$ ( )

(4) $x^2=(x+5)^2$ ( )

(5) $x^2-3=5x-4$ ( )

(6) $x^3-1=x^2(x+2)$ ( )

2

다음 이차방정식을 $ax^2+bx+c=0\,(a>0)$의 꼴로 나타내시오. (단, a, b, c는 상수)

(1) $2x-3=5x^2$

(2) $4x+1=6x^2$

(3) $8x^2-x-5=3x^2+7x$

(4) $3x^2+x=x^2-2x+7$

(5) $10x^2-2=(x+2)^2$

(6) $2x^2-10x=(x+1)^2+23$

3

x의 값이 -2, -1, 0, 1일 때, 다음 이차방정식의 해를 구하시오.

(1) $x^2-2x=0$

(2) $x^2+4x+3=0$

(3) $x^2+3x+2=0$

4

다음 |보기| 중 이차방정식이 <u>아닌</u> 것을 모두 고르시오.

보기
ㄱ. $3x^2-7x$
ㄴ. $2x^2+1=2x^2-2x$
ㄷ. $x^2+5x=9$
ㄹ. $2x(x-1)=(3x+1)(x-1)$

5

다음 이차방정식 중 $x=2$를 해로 갖는 것은?

① $x^2+x-3=0$

② $-4=x(x-7)$

③ $6x^2+12x-18=0$

④ $(x+1)(x+6)=24$

⑤ $x+10=-3x^2$

1

다음은 [ ] 안의 수가 주어진 이차방정식의 한 근일 때, 상수 a의 값을 구하는 과정이다. □ 안에 알맞은 수를 쓰고, 상수 a의 값을 구하시오.

(1) $x^2+ax+18=0$ $[-3]$

> $x^2+ax+18=0$에 $x=-3$을 대입하면
> $(\boxed{})^2+a\times(\boxed{})+18=0$
> $\therefore a=\boxed{}$

(2) $x^2+ax-32=0$ $[8]$

> $x^2+ax-32=0$에 $x=8$을 대입하면
> $\boxed{}^2+a\times\boxed{}-32=0$
> $\therefore a=\boxed{}$

(3) $ax^2+7x-10=0$ $[1]$

____

(4) $2x^2-7x+a=0$ $[3]$

____

2

다음 □ 안에 알맞은 수를 쓰시오.

(1) 이차방정식 $x^2-x-2=0$의 한 근이 $x=a$일 때, a^2-a의 값을 구하는 과정은 다음과 같다.

> $x^2-x-2=0$에 $x=a$를 대입하면
> $a^2-a-2=\boxed{}$
> $\therefore a^2-a=\boxed{}$

(2) 이차방정식 $x^2+6x-27=0$의 한 근이 $x=a$일 때, a^2+6a-5의 값을 구하는 과정은 다음과 같다.

> $x^2+6x-27=0$에 $x=a$를 대입하면
> $a^2+6a-27=\boxed{}$, $a^2+6a=\boxed{}$
> $\therefore a^2+6a-5=\boxed{}$

3

다음 물음에 답하시오.

(1) 이차방정식 $x^2+3x+2=0$의 한 근이 $x=a$일 때, a^2+3a의 값을 구하시오.

____

(2) 이차방정식 $x^2-12x+20=0$의 한 근이 $x=a$일 때, $a^2-12a+26$의 값을 구하시오.

____

4

이차방정식 $x^2+ax-a-1=0$의 한 근이 $x=6$일 때, 상수 a의 값은?

① -7 ② -6 ③ -5

④ 6 ⑤ 7

5

이차방정식 $x^2-5x-1=0$의 한 근이 $x=p$일 때, p^2-5p+9의 값을 구하시오.

____

1

다음 □ 안에 알맞은 수를 쓰고, 주어진 이차방정식을 푸시오.

(1) $x(x-3)=0$

$\Rightarrow x=0$ 또는 $x-3=0$

$\therefore x=\square$ 또는 $x=\square$

(2) $(x+1)(x-2)=0$

$\Rightarrow x+1=0$ 또는 $x-2=0$

$\therefore$ __________

(3) $(x-2)(x-5)=0$

$\Rightarrow$ __________

$\therefore$ __________

(4) $(x-9)(x+10)=0$

$\Rightarrow$ __________

$\therefore$ __________

(5) $(2x-1)(3x-5)=0$

$\Rightarrow$ __________

$\therefore$ __________

(6) $(5x+1)(5x-3)=0$

$\Rightarrow$ __________

$\therefore$ __________

2

다음 이차방정식을 인수분해를 이용하여 푸시오.

(1) $x^2+7x+12=0$ __________

(2) $x^2+3x-28=0$ __________

(3) $x^2-5x-24=0$ __________

(4) $x^2-4x-45=0$ __________

(5) $3x^2-16x+5=0$ __________

(6) $5x^2+7x-6=0$ __________

교과서 문제로 **개념 다지기**

3

다음 이차방정식 중 해가 $x=3$ 또는 $x=\dfrac{9}{4}$인 것은?

① $(x+3)(x-9)=0$

② $(3x+1)(4x-9)=0$

③ $(x+3)(4x+9)=0$

④ $2\left(x-\dfrac{1}{3}\right)\left(x-\dfrac{4}{9}\right)=0$

⑤ $5(x-3)(4x-9)=0$

4

이차방정식 $x^2-10x-11=0$을 풀면?

① $x=-1$ 또는 $x=-10$

② $x=-1$ 또는 $x=11$

③ $x=1$ 또는 $x=-11$

④ $x=2$ 또는 $x=5$

⑤ $x=10$ 또는 $x=11$

1

다음 이차방정식을 푸시오.

(1) $(x-2)^2=0$

(2) $(x+9)^2=0$

(3) $(3x-1)^2=0$

(4) $(6x+7)^2=0$

2

다음 이차방정식을 푸시오.

(1) $x^2+12x+36=0$

(2) $x^2-20x+100=0$

(3) $16x^2-40x+25=0$

(4) $25x^2+80x+64=0$

3

다음 이차방정식이 중근을 가질 때, 상수 k의 값을 구하시오.

(1) $x^2+8x+k=0$

(2) $x^2+30x+k=0$

(3) $x^2+kx+36=0$

(4) $x^2+kx+25=0$

교과서 문제로 개념 다지기

4

다음 이차방정식 중 중근을 갖지 <u>않는</u> 것은?

① $x^2=0$
② $x^2+10x+25=0$
③ $4x^2+x+4=5x+3$
④ $12x^2+3=3x^2-12x-1$
⑤ $(x+5)^2=4$

5

이차방정식 $x^2+6x+5k+1=0$이 중근을 갖도록 하는 상수 k의 값을 구하시오.

1

다음 이차방정식을 제곱근을 이용하여 푸시오.

(1) $x^2=10$ ______

(2) $x^2=24$ ______

(3) $(x-1)^2=3$ ______

(4) $(x+2)^2=5$ ______

(5) $3(x-2)^2=30$ ______

(6) $2(x+7)^2=24$ ______

(7) $4(x+5)^2=32$ ______

(8) $5(x-6)^2=90$ ______

2

다음은 완전제곱식을 이용하여 이차방정식의 해를 구하는 과정이다. ☐ 안에 알맞은 수를 쓰시오.

(1) $x^2-8x+5=0$

$x^2-8x=-5$

$x^2-8x+\boxed{}=-5+\boxed{}$

$(x-\boxed{})^2=\boxed{}$

$\therefore x=\boxed{}$

(2) $x^2+12x-4=0$

$x^2+12x=4$

$x^2+12x+\boxed{}=4+\boxed{}$

$(x+\boxed{})^2=\boxed{}$

$\therefore x=\boxed{}$

(3) $4x^2+16x-24=0$

$x^2+4x-6=0$

$x^2+4x=6$

$x^2+4x+\boxed{}=6+\boxed{}$

$(x+\boxed{})^2=\boxed{}$

$\therefore x=\boxed{}$

(4) $-2x^2+4x+22=0$

$x^2-2x-11=0$

$x^2-2x=11$

$x^2-2x+\boxed{}=11+\boxed{}$

$(x-\boxed{})^2=\boxed{}$

$\therefore x=\boxed{}$

교과서 문제로 **개념**다지기

3

이차방정식 $3(x+5)^2=21$의 해가 $x=a\pm\sqrt{b}$일 때, 유리수 a, b에 대하여 $a+b$의 값을 구하시오.

______

1

다음은 근의 공식을 이용하여 이차방정식의 해를 구하는 과정이다. □ 안에 알맞은 수를 쓰시오.

(1) $x^2+7x+4=0$

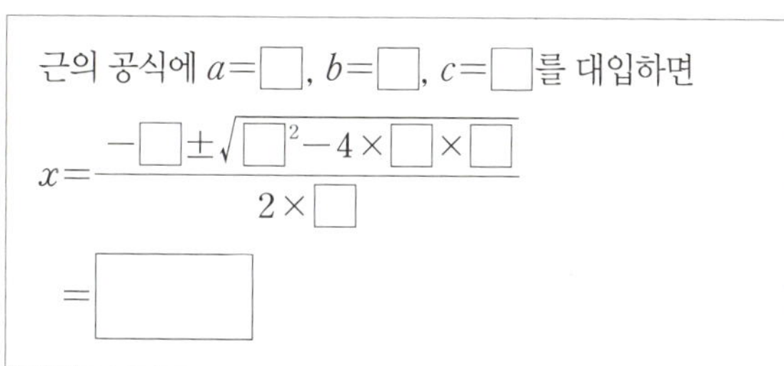

근의 공식에 $a=\square$, $b=\square$, $c=\square$를 대입하면

$$x=\dfrac{-\square\pm\sqrt{\square^2-4\times\square\times\square}}{2\times\square}$$

$$=\boxed{}$$

(2) $x^2-9x-7=0$

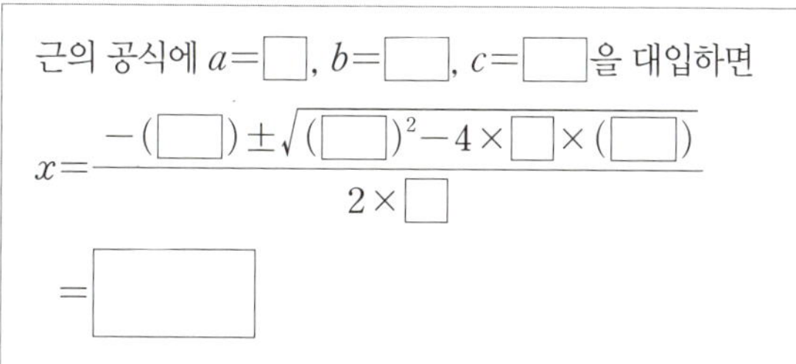

근의 공식에 $a=\square$, $b=\square$, $c=\square$을 대입하면

$$x=\dfrac{-(\square)\pm\sqrt{(\square)^2-4\times\square\times(\square)}}{2\times\square}$$

$$=\boxed{}$$

(3) $3x^2-11x+7=0$

근의 공식에 $a=\square$, $b=\square$, $c=\square$을 대입하면

$$x=\dfrac{-(\square)\pm\sqrt{(\square)^2-4\times\square\times\square}}{2\times\square}$$

$$=\boxed{}$$

(4) $4x^2-7x+2=0$

근의 공식에 $a=\square$, $b=\square$, $c=\square$를 대입하면

$$x=\dfrac{-(\square)\pm\sqrt{(\square)^2-4\times\square\times\square}}{2\times\square}$$

$$=\boxed{}$$

2

다음은 짝수 근의 공식을 이용하여 이차방정식의 해를 구하는 과정이다. □ 안에 알맞은 수를 쓰시오.

(1) $x^2+4x+2=0$

짝수 근의 공식에 $a=\square$, $b'=\square$, $c=\square$를 대입하면

$$x=\dfrac{-\square\pm\sqrt{\square^2-\square\times\square}}{\square}$$

$$=\boxed{}$$

(2) $x^2-6x+7=0$

짝수 근의 공식에 $a=\square$, $b'=\square$, $c=\square$을 대입하면

$$x=\dfrac{-(\square)\pm\sqrt{(\square)^2-\square\times\square}}{\square}$$

$$=\boxed{}$$

(3) $5x^2+2x-1=0$

짝수 근의 공식에 $a=\square$, $b'=\square$, $c=\square$을 대입하면

$$x=\dfrac{-\square\pm\sqrt{\square^2-\square\times(\square)}}{\square}$$

$$=\boxed{}$$

교과서 문제로 **개념 다지기**

3

이차방정식 $x^2+3x-6=0$의 해가 $x=\dfrac{a\pm\sqrt{b}}{2}$일 때, 유리수 a, b에 대하여 $a+b$의 값을 구하시오.

1

다음은 복잡한 이차방정식의 해를 구하는 과정이다. □ 안에 알맞은 수를 쓰시오.

(1) $(x+3)(x-5)=3x-1$

> 주어진 이차방정식의 좌변을 전개하여 정리하면
> $x^2-\boxed{}x-\boxed{}=0$
> $(x+2)(x-\boxed{})=0$
> $\therefore x=-2$ 또는 $x=\boxed{}$

(2) $(x-4)(x+5)=2x-8$

> 주어진 이차방정식의 좌변을 전개하여 정리하면
> $x^2-x-\boxed{}=0$
> $(x+3)(x-\boxed{})=0$
> $\therefore x=-3$ 또는 $x=\boxed{}$

(3) $\dfrac{3}{2}x^2-\dfrac{1}{4}x-\dfrac{1}{4}=0$

> 주어진 이차방정식의 양변에 분모의 최소공배수인
> $\boxed{}$를 곱하면
> $\boxed{}x^2-x-\boxed{}=0$
> $(\boxed{}x+1)(2x-1)=0$
> $\therefore x=\boxed{}$ 또는 $x=\dfrac{1}{2}$

(4) $\dfrac{4}{3}x^2+\dfrac{1}{2}x-\dfrac{1}{12}=0$

> 주어진 이차방정식의 양변에 분모의 최소공배수인
> $\boxed{}$를 곱하면
> $\boxed{}x^2+6x-\boxed{}=0$
> $(2x+1)(\boxed{})=0$
> $\therefore x=-\dfrac{1}{2}$ 또는 $x=\boxed{}$

(5) $0.5x^2-0.7x+0.2=0$

> 주어진 이차방정식의 양변에 $\boxed{}$을 곱하면
> $\boxed{}x^2-7x+\boxed{}=0$
> $(\boxed{}x-2)(x-\boxed{})=0$
> $\therefore x=\boxed{}$ 또는 $x=1$

(6) $0.4x^2-x+0.4=0$

> 주어진 이차방정식의 양변에 $\boxed{}$을 곱하면
> $4x^2-\boxed{}x+\boxed{}=0$
> $2x^2-\boxed{}x+\boxed{}=0$
> $(2x-\boxed{})(x-2)=0$
> $\therefore x=\boxed{}$ 또는 $x=2$

(7) $(3x+2)^2-2(3x+2)-8=0$

> $3x+2=A$로 놓으면 $A^2-\boxed{}A-\boxed{}=0$
> $(A+2)(A-\boxed{})=0$
> $\therefore A=-2$ 또는 $A=\boxed{}$
> (i) $A=-2$일 때, $x=\boxed{}$
> (ii) $A=\boxed{}$일 때, $x=\boxed{}$
> 따라서 (i), (ii)에서 $x=\boxed{}$ 또는 $x=\boxed{}$

2

이차방정식 $1.4x^2-0.3x-0.5=0$의 두 근의 합을 구하시오.

1

다음 $ax^2+bx+c=0$의 꼴의 이차방정식에서 b^2-4ac의 값을 구한 후, 근의 개수를 구하시오.

(1) $x^2+x-2=0$

　　　① b^2-4ac의 값: _______________

　　　② 근의 개수　　: _______________

(2) $5x^2+x+2=0$

　　　① b^2-4ac의 값: _______________

　　　② 근의 개수　　: _______________

(3) $2x^2-3x-4=0$

　　　① b^2-4ac의 값: _______________

　　　② 근의 개수　　: _______________

(4) $4x^2+12x+9=0$

　　　① b^2-4ac의 값: _______________

　　　② 근의 개수　　: _______________

(5) $7x^2-5x+4=0$

　　　① b^2-4ac의 값: _______________

　　　② 근의 개수　　: _______________

(6) $\dfrac{1}{2}x^2+3x+\dfrac{9}{2}=0$

　　　① b^2-4ac의 값: _______________

　　　② 근의 개수　　: _______________

2

이차방정식의 근이 다음과 같을 때, 상수 k의 값 또는 범위를 구하시오.

(1) $x^2-3x+k=0$

　　　① 서로 다른 두 근: ___________

　　　② 중근　　　　　: _______________

　　　③ 근이 없다.　　: _______________

(2) $x^2-4x-k=0$

　　　① 서로 다른 두 근: _______________

　　　② 중근　　　　　: _______________

　　　③ 근이 없다.　　: _______________

(3) $3x^2-6x+k=0$

　　　① 서로 다른 두 근: _______________

　　　② 중근　　　　　: _______________

　　　③ 근이 없다.　　: _______________

(4) $7x^2-3x-k=0$

　　　① 서로 다른 두 근: _______________

　　　② 중근　　　　　: _______________

　　　③ 근이 없다.　　: _______________

3

다음 |보기| 중 서로 다른 두 근을 갖는 이차방정식을 모두 고르시오.

보기
ㄱ. $x^2-3x=0$　　　　　ㄴ. $4x^2+4x+1=0$
ㄷ. $7x^2+2x-5=0$　　　ㄹ. $x^2+5x=-11$

____

4

이차방정식 $x^2+6x+k-5=0$이 해를 갖기 위한 상수 k의 값의 범위를 구하시오.

____

1

다음 조건을 만족시키는 x에 대한 이차방정식을
$ax^2+bx+c=0$의 꼴로 나타내시오. (단, a, b, c는 상수)

(1) 두 근이 -2, 4이고 x^2의 계수가 1인 이차방정식

(2) 두 근이 3, 5이고 x^2의 계수가 1인 이차방정식

(3) 두 근이 -1, -6이고 x^2의 계수가 -1인 이차방정식

(4) 두 근이 -3, 7이고 x^2의 계수가 -1인 이차방정식

(5) 두 근이 1, 2이고 x^2의 계수가 2인 이차방정식

(6) 두 근이 -3, -5이고 x^2의 계수가 3인 이차방정식

(7) 두 근이 -6, 8이고 x^2의 계수가 -2인 이차방정식

(8) 두 근이 $\dfrac{1}{3}$, $\dfrac{1}{4}$이고 x^2의 계수가 12인 이차방정식

2

다음 조건을 만족시키는 x에 대한 이차방정식을
$ax^2+bx+c=0$의 꼴로 나타내시오. (단, a, b, c는 상수)

(1) 중근이 -4이고 x^2의 계수가 1인 이차방정식

(2) 중근이 5이고 x^2의 계수가 -1인 이차방정식

(3) 중근이 -6이고 x^2의 계수가 -1인 이차방정식

(4) 중근이 -8이고 x^2의 계수가 3인 이차방정식

(5) 중근이 $\dfrac{1}{2}$이고 x^2의 계수가 -4인 이차방정식

(6) 중근이 4이고 x^2의 계수가 $\dfrac{1}{4}$인 이차방정식

3

이차방정식 $6x^2+ax+b=0$의 두 근이 $-\dfrac{1}{3}$, $\dfrac{5}{2}$일 때,
상수 a, b에 대하여 $a-b$의 값은?

① -13 ② -8 ③ -5
④ 8 ⑤ 13

1

다음은 연속하는 두 자연수의 곱이 156일 때, 두 수를 구하는 과정이다. ☐ 안에 알맞은 것을 쓰시오.

> ❶ 연속하는 두 자연수 중 작은 수를 x라 하면
> 두 자연수는 x, ☐ 이다.
> ❷ 연속하는 두 자연수의 곱이 156이므로
> 이차방정식을 세우면
> $x($ ☐ $)=156$
> ❸ 이 이차방정식을 풀면
> $(x+$ ☐ $)(x-$ ☐ $)=0$
> $\therefore x=-13$ 또는 $x=$ ☐
> 그런데 x는 자연수이므로 $x=$ ☐
> 따라서 구하는 두 자연수는 ☐ , ☐ 이다.
> ❹ ☐ $\times$ ☐ $=156$이므로 문제의 뜻에 맞는다.

2

다음은 연속하는 두 자연수의 곱이 210일 때, 두 수를 구하는 과정이다. ☐ 안에 알맞은 것을 쓰시오.

> ❶ 연속하는 두 자연수 중 작은 수를 x라 하면
> 두 자연수는 x, ☐ 이다.
> ❷ 연속하는 두 자연수의 곱이 210이므로
> 이차방정식을 세우면
> ☐ $=210$
> ❸ 이 이차방정식을 풀면
> $(x+$ ☐ $)($ ☐ $)=0$
> $\therefore x=-15$ 또는 $x=$ ☐
> 그런데 x는 자연수이므로 $x=$ ☐
> 따라서 구하는 두 자연수는 ☐ , ☐ 이다.
> ❹ ☐ $\times$ ☐ $=210$이므로 문제의 뜻에 맞는다.

3

다음은 민주와 동생의 나이의 차는 3세이고, 민주와 동생의 나이의 제곱의 합이 425일 때, 민주의 나이를 구하는 과정이다. ☐ 안에 알맞은 것을 쓰시오.

> ❶ 민주의 나이를 x세라 하면 동생은 민주보다
> 3세가 적으므로 동생의 나이는 (☐)세이다.
> ❷ 민주와 동생의 나이의 제곱의 합이 425이므로
> 이차방정식을 세우면
> $x^2+($ ☐ $)^2=425$
> ❸ 이 이차방정식을 풀면
> $(x+$ ☐ $)(x-$ ☐ $)=0$
> $\therefore x=-13$ 또는 $x=$ ☐
> 그런데 $x>0$이므로 $x=$ ☐
> 따라서 구하는 민주의 나이는 ☐ 세이므로
> 동생의 나이는 ☐ 세이다.
> ❹ $16^2+($ ☐ $-3)^2=425$이므로 문제의 뜻에 맞는다.

4

연속하는 두 짝수의 제곱의 합이 164일 때, 두 짝수를 구하시오.

5

어머니와 딸의 나이의 차는 31세이고, 딸의 나이의 제곱은 어머니의 나이의 2배보다 1만큼 많다. 이때 딸의 나이를 구하시오.

1

다음은 지면에서 지면에 수직인 방향으로 초속 30 m로 쏘아 올린 물체의 t초 후의 높이를 $(30t-5t^2)$ m라 할 때, 이 물체가 지면에 떨어지는 것은 쏘아 올린 지 몇 초 후인지 구하는 과정이다. □ 안에 알맞은 것을 쓰시오.

❶ 이 물체가 지면에 떨어질 때의 높이는 0 m이므로 주어진 식을 이용하여 이차방정식을 세우면

$30t-5t^2=$ □

❷ 이 이차방정식을 풀면

$t=0$ 또는 $t=$ □

그런데 $t>0$이므로 $t=$ □

따라서 이 물체가 지면에 떨어지는 것은 쏘아 올린 지 □초 후이다.

❸ $30\times$ □ $-5\times$ □ $^2=0$이므로 문제의 뜻에 맞는다.

2

다음은 지면에서 지면에 수직인 방향으로 초속 60 m로 쏘아 올린 물체의 t초 후의 높이를 $(60t-5t^2)$ m라 할 때, 이 물체의 높이가 160 m가 되는 것은 쏘아 올린 지 몇 초 후인지 구하는 과정이다. □ 안에 알맞은 것을 쓰시오.

❶ 주어진 식을 이용하여 이차방정식을 세우면

$60t-5t^2=$ □

❷ 이 이차방정식을 풀면

$t=$ □ 또는 $t=$ □

따라서 이 물체의 높이가 160 m가 되는 것은 쏘아 올린 지 □초 후 또는 □초 후이다.

❸ $60\times4-5\times$ □ $^2=160$, $60\times$ □ $-5\times$ □ $^2=160$이 므로 문제의 뜻에 맞는다.

3

다음은 키가 2 m인 농구 선수가 키와 같은 높이에서 초속 3 m로 똑바로 위로 던진 공의 t초 후의 지면으로부터의 높이를 $(2+3t-5t^2)$ m라 할 때, 이 공이 지면에 떨어지는 것은 던진 지 몇 초 후인지 구하는 과정이다. □ 안에 알맞은 것을 쓰시오.

❶ 이 공이 지면에 떨어질 때의 높이는 0 m이므로 주어진 식을 이용하여 이차방정식을 세우면

$2+3t-5t^2=$ □

❷ 이 이차방정식을 풀면

$t=-\dfrac{2}{5}$ 또는 $t=$ □

그런데 $t>0$이므로 $t=$ □

따라서 공이 지면에 떨어지는 것은 던진 지 □초 후이다.

❸ $2+3\times$ □ $-5\times$ □ $^2=0$이므로 문제의 뜻에 맞는다.

4

지면으로부터 20 m 높이에서 지면에 수직인 방향으로 초속 30 m로 쏘아 올린 물체의 t초 후의 높이가 $(20+30t-5t^2)$ m라 한다. 이 물체의 지면으로부터의 높이가 45 m가 되는 것은 쏘아 올린 지 몇 초 후인지 구하시오.

5

n각형의 대각선의 개수는 $\dfrac{n(n-3)}{2}$개이다. 이때 대각선의 개수가 54개인 다각형을 구하시오.

1

다음은 가로의 길이가 세로의 길이보다 $4\,cm$만큼 짧은 직사각형의 넓이가 $77\,cm^2$일 때, 직사각형의 가로의 길이를 구하는 과정이다. □ 안에 알맞은 것을 쓰시오.

❶ 직사각형의 가로의 길이를 $x\,cm$라 하면 세로의 길이는 $(\boxed{})\,cm$이다.

❷ 직사각형의 넓이가 $77\,cm^2$이므로 이차방정식을 세우면
$x(\boxed{})=77$

❸ 이 이차방정식을 풀면
$x=-11$ 또는 $x=\boxed{}$
그런데 $x>0$이므로 $x=\boxed{}$
따라서 직사각형의 가로의 길이는 $\boxed{}\,cm$이다.

❹ $\boxed{}\times(\boxed{}+4)=77$이므로 문제의 뜻에 맞는다.

2

다음은 가로의 길이가 세로의 길이보다 $5\,cm$만큼 긴 직사각형의 넓이가 $104\,cm^2$일 때, 직사각형의 가로의 길이를 구하는 과정이다. □ 안에 알맞은 것을 쓰시오.

❶ 직사각형의 가로의 길이를 $x\,cm$라 하면 세로의 길이는 $(\boxed{})\,cm$이다.

❷ 직사각형의 넓이가 $104\,cm^2$이므로 이차방정식을 세우면
$x(\boxed{})=104$

❸ 이 이차방정식을 풀면
$x=-8$ 또는 $x=\boxed{}$
그런데 $x>0$이므로 $x=\boxed{}$
따라서 직사각형의 가로의 길이는 $\boxed{}\,cm$이다.

❹ $\boxed{}\times(\boxed{}-5)=104$이므로 문제의 뜻에 맞는다.

3

다음은 오른쪽 그림과 같이 정사각형의 가로의 길이를 $3\,cm$만큼 늘이고, 세로의 길이를 $4\,cm$만큼 줄여서 만든 직사각형의 넓이가 $60\,cm^2$일 때, 처음 정사각형의 한 변의 길이를 구하는 과정이다. □ 안에 알맞은 것을 쓰시오.

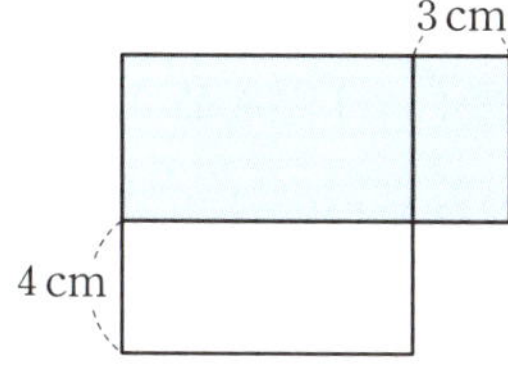

❶ 처음 정사각형의 한 변의 길이를 $x\,cm$라 하면 $3\,cm$만큼 늘인 가로의 길이는 $(\boxed{})\,cm$, $4\,cm$만큼 줄인 세로의 길이는 $(\boxed{})\,cm$이다.

❷ 직사각형의 넓이가 $60\,cm^2$이므로 이차방정식을 세우면
$(x+\boxed{})(x-\boxed{})=60$

❸ 이 이차방정식을 풀면
$x=-8$ 또는 $x=\boxed{}$
그런데 $x>4$이므로 $x=\boxed{}$
따라서 처음 정사각형의 한 변의 길이는 $\boxed{}\,cm$이다.

❹ $(\boxed{}+3)\times(\boxed{}-4)=60$이므로 문제의 뜻에 맞는다.

교과서 문제로 **개념** 다지기

4

둘레의 길이가 $46\,cm$이고, 넓이가 $120\,cm^2$인 직사각형이 있다. 이 직사각형의 가로의 길이가 세로의 길이보다 더 길 때, 가로의 길이를 구하시오.

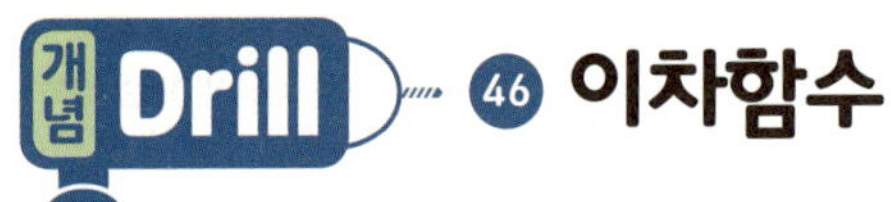

1

다음 중 이차함수인 것은 ○표, 이차함수가 <u>아닌</u> 것은 ×표를 (　　) 안에 쓰시오.

(1) $y=-2x+3$ 　　　　　　　　　　　　　（　　）

(2) $y=\dfrac{1}{2}x-3x^2$ 　　　　　　　　　　（　　）

(3) $y=\dfrac{1}{x^2}+1$ 　　　　　　　　　　　（　　）

(4) $y=x^2-x(x+1)$ 　　　　　　　　　（　　）

(5) $y=x^2-2x+\dfrac{1}{3}$ 　　　　　　　　（　　）

(6) $y=(x+3)^2+9x$ 　　　　　　　　　（　　）

2

다음을 y를 x에 대한 식으로 나타내고, y가 x에 대한 이차함수인 것을 모두 고르시오.

(1) 한 변의 길이가 x cm인 정사각형의 둘레의 길이 y cm

(2) 가로의 길이가 $2x$ cm, 세로의 길이가 $(x+1)$ cm인 직사각형의 넓이 y cm^2

(3) 밑변의 길이가 x cm, 높이가 $(2x+3)$ cm인 삼각형의 넓이 y cm^2

(4) 자동차가 시속 80 km로 x시간 동안 달린 거리 y km

➩ 이차함수인 것: ______________

3

이차함수 $f(x)=x^2-2x+4$에 대하여 다음을 구하시오.

(1) $f(-1)$ 　　　　　　______________

(2) $f(0)$ 　　　　　　______________

(3) $f(1)$ 　　　　　　______________

(4) $f(-2)+f(2)$ 　　______________

교과서 문제로 **개념 다지기**

4

다음 중 y가 x에 대한 이차함수가 <u>아닌</u> 것은?

① 한 변의 길이가 $2x$ cm인 정사각형의 넓이 y cm^2
② 한 모서리의 길이가 x cm인 정육면체의 부피 y cm^3
③ 밑변의 길이와 높이가 각각 x cm인 평행사변형의 넓이 y cm^2
④ 세로의 길이가 x cm, 둘레의 길이가 10 cm인 직사각형의 넓이 y cm^2
⑤ 밑면의 반지름의 길이가 x cm, 높이가 15 cm인 원기둥의 부피 y cm^3

5

이차함수 $f(x)=x^2-7x-3$에 대하여 $f(-2)-f(3)$의 값을 구하시오.

____

1

이차함수 $y=x^2$의 그래프에 대하여 다음을 구하시오.

(1) 꼭짓점의 좌표

(2) 축의 방정식

(3) 그래프가 지나는 사분면

(4) x축에 서로 대칭인 그래프를 나타내는 이차함수의 식

2

이차함수 $y=-x^2$의 그래프에 대하여 다음을 구하시오.

(1) 꼭짓점의 좌표

(2) 축의 방정식

(3) 그래프가 지나는 사분면

(4) x축에 서로 대칭인 그래프를 나타내는 이차함수의 식

3

이차함수 $y=-x^2$의 그래프에 대하여 다음 중 옳은 것은 ○표, 옳지 <u>않은</u> 것은 ×표를 (   ) 안에 쓰시오.

(1) 위로 볼록한 그래프이다. (   )

(2) x축에 대칭이다. (   )

(3) $x>0$일 때, x의 값이 증가하면 y의 값은 감소한다. (   )

(4) 점 $(-1, 1)$을 지난다. (   )

(5) 이차함수 $y=x^2$의 그래프와 x축에 대칭이다. (   )

(6) 모든 사분면을 지난다. (   )

4

다음 중 이차함수 $y=-x^2$의 그래프 위의 점이 <u>아닌</u> 것은?

① $(-3, -9)$ ② $\left(-\dfrac{3}{2}, \dfrac{9}{4}\right)$ ③ $(1, -1)$

④ $\left(\dfrac{1}{3}, -\dfrac{1}{9}\right)$ ⑤ $(2, -4)$

5

이차함수 $y=x^2$의 그래프가 두 점 $(1, a)$, $(b, 16)$을 지날 때, $a+b$의 값을 구하시오. (단, $b>0$)

1

다음 물음에 답하시오.

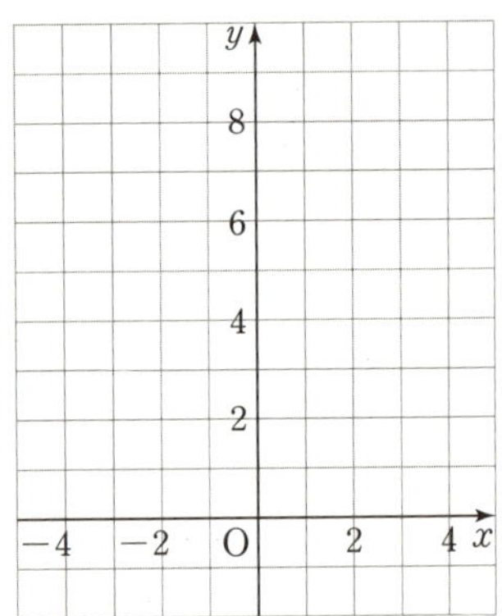

(1) x의 값의 범위가 실수 전체일 때 이차함수 $y=3x^2$의 그래프를 위의 좌표평면 위에 그리시오.

(2) 이차함수 $y=3x^2$의 그래프의 꼭짓점의 좌표를 구하시오.

(3) 이차함수 $y=3x^2$의 그래프와 x축에 대칭인 그래프를 나타내는 이차함수의 식을 구하시오.

2

다음 물음에 답하시오.

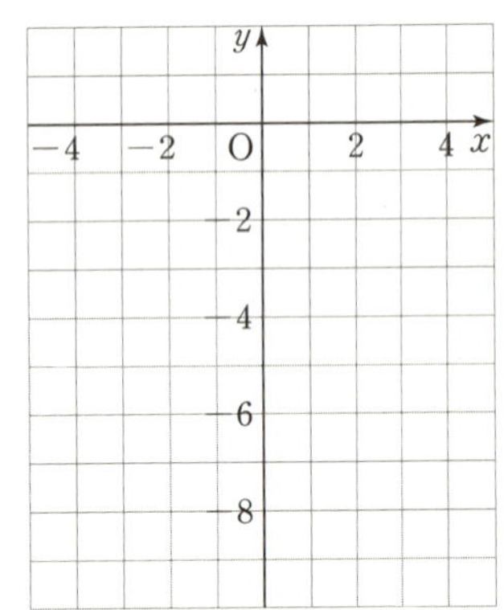

(1) x의 값의 범위가 실수 전체일 때 이차함수 $y=-\dfrac{1}{2}x^2$의 그래프를 위의 좌표평면 위에 그리시오.

(2) 이차함수 $y=-\dfrac{1}{2}x^2$의 그래프의 꼭짓점의 좌표를 구하시오.

(3) 이차함수 $y=-\dfrac{1}{2}x^2$의 그래프와 x축에 대칭인 그래프를 나타내는 이차함수의 식을 구하시오.

교과서 문제로 **개념 다지기**

3

다음 |보기|의 이차함수에 대하여 물음에 답하시오.

보기
ㄱ. $y=4x^2$ ㄴ. $y=-4x^2$
ㄷ. $y=-\dfrac{1}{3}x^2$ ㄹ. $y=\dfrac{1}{7}x^2$

(1) 그래프가 위로 볼록한 것을 모두 고르시오.

(2) 그래프의 폭이 가장 넓은 것을 고르시오.

(3) 그래프가 x축에 서로 대칭인 것끼리 짝 지으시오.

4

다음 이차함수 중 그래프의 폭이 가장 좁은 것은?

① $y=-2x^2$ ② $y=3x^2$ ③ $y=-\dfrac{5}{2}x^2$

④ $y=-6x^2$ ⑤ $y=\dfrac{1}{2}x^2$

1

다음 물음에 답하시오.

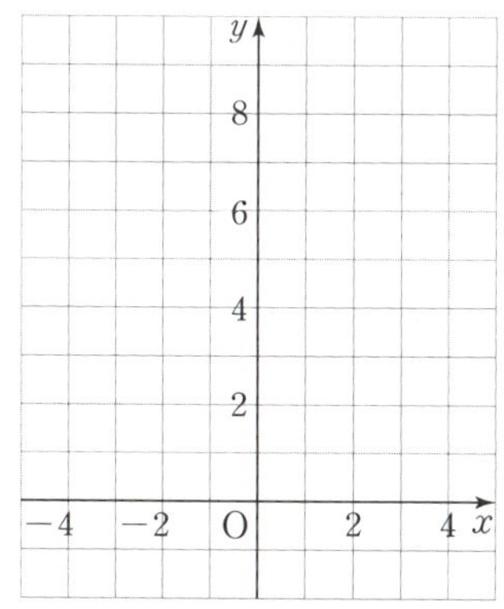

(1) x의 값의 범위가 실수 전체일 때 이차함수 $y=x^2+5$의 그래프를 위의 좌표평면 위에 그리시오.

(2) 다음 □ 안에 알맞은 것을 쓰시오.

> 이차함수 $y=x^2+5$의 그래프는 이차함수 $y=x^2$의 그래프를 □축의 방향으로 □만큼 평행이동한 것이다.

(3) 이차함수 $y=x^2+5$의 그래프의 축의 방정식과 꼭짓점의 좌표를 각각 구하시오.

　　　① 축의 방정식 　: _________________
　　　② 꼭짓점의 좌표: _________________

2

다음 이차함수의 그래프를 y축의 방향으로 [　] 안의 수만큼 평행이동한 그래프를 나타내는 이차함수의 식을 구하고, 그 그래프의 축의 방정식과 꼭짓점의 좌표를 각각 구하시오.

(1) $y=-2x^2$ [3]

　　　① 이차함수의 식: _________________
　　　② 축의 방정식 　: _________________
　　　③ 꼭짓점의 좌표: _________________

(2) $y=\dfrac{2}{5}x^2$ $\left[-\dfrac{1}{2}\right]$

　　　① 이차함수의 식: _________________
　　　② 축의 방정식 　: _________________
　　　③ 꼭짓점의 좌표: _________________

3

다음 중 이차함수 $y=\dfrac{1}{4}x^2-1$의 그래프로 적당한 것은?

① 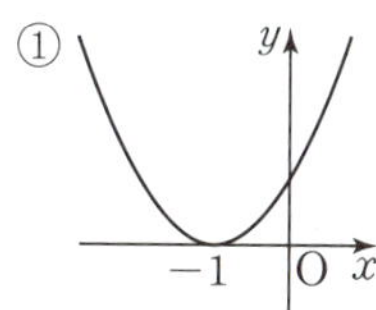　② 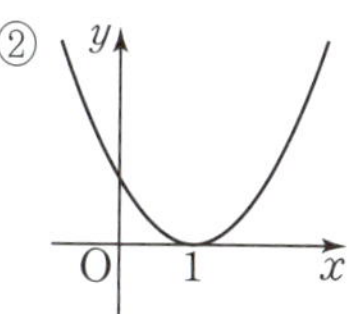

③ 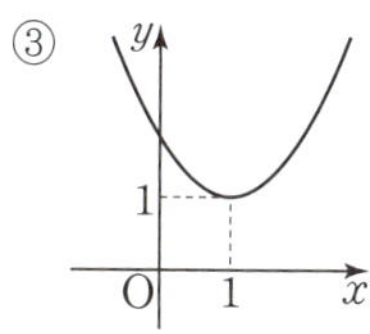　④ 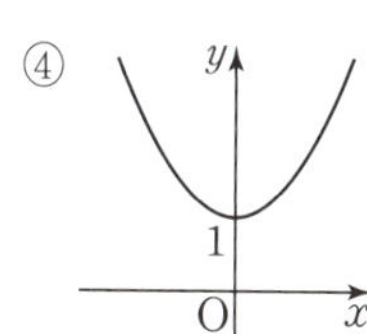

⑤ 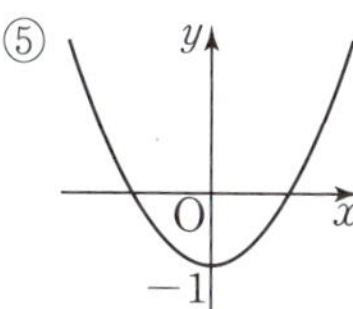

4

다음 이차함수 중 그래프가 평행이동하여 이차함수 $y=-\dfrac{1}{3}x^2+1$의 그래프와 완전히 포개어지는 것은?

① $y=-3x^2+1$ 　　　② $y=-3x^2$

③ $y=-\dfrac{1}{3}x^2-1$ 　④ $y=\dfrac{1}{3}x^2-1$

⑤ $y=x^2-\dfrac{1}{3}$

1

다음 물음에 답하시오.

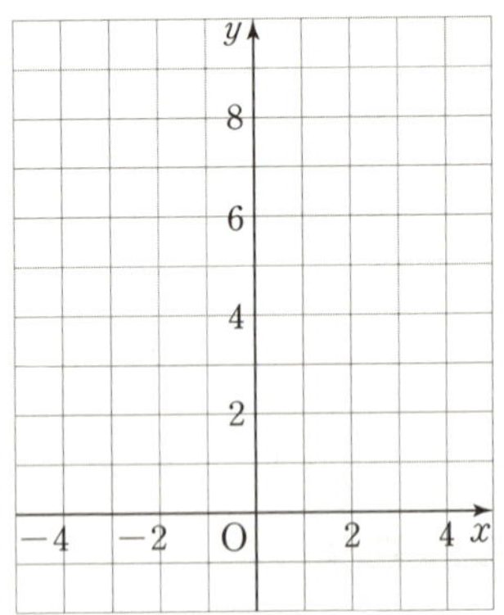

(1) x의 값의 범위가 실수 전체일 때 이차함수 $y=2(x-2)^2$의 그래프를 위의 좌표평면 위에 그리시오.

(2) 다음 ☐ 안에 알맞은 것을 쓰시오.

> 이차함수 $y=2(x-2)^2$의 그래프는 이차함수 $y=2x^2$의 그래프를 ☐축의 방향으로 ☐만큼 평행이동한 것이다.

(3) 이차함수 $y=2(x-2)^2$의 그래프의 축의 방정식과 꼭짓점의 좌표를 각각 구하시오.
  ① 축의 방정식　:＿＿＿＿＿＿＿＿
  ② 꼭짓점의 좌표:＿＿＿＿＿＿＿＿

2

다음 이차함수의 그래프를 x축의 방향으로 [　] 안의 수만큼 평행이동한 그래프를 나타내는 이차함수의 식을 구하고, 그 그래프의 축의 방정식과 꼭짓점의 좌표를 각각 구하시오.

(1) $y=4x^2$　[5]
  ① 이차함수의 식:＿＿＿＿＿＿＿＿
  ② 축의 방정식　:＿＿＿＿＿＿＿＿
  ③ 꼭짓점의 좌표:＿＿＿＿＿＿＿＿

(2) $y=\dfrac{1}{3}x^2$　[−2]
  ① 이차함수의 식:＿＿＿＿＿＿＿＿
  ② 축의 방정식　:＿＿＿＿＿＿＿＿
  ③ 꼭짓점의 좌표:＿＿＿＿＿＿＿＿

(3) $y=-5x^2$　$\left[-\dfrac{1}{2}\right]$
  ① 이차함수의 식:＿＿＿＿＿＿＿＿
  ② 축의 방정식　:＿＿＿＿＿＿＿＿
  ③ 꼭짓점의 좌표:＿＿＿＿＿＿＿＿

교과서 문제로 개념 다지기

3

다음 |보기| 중 이차함수 $y=\dfrac{1}{2}(x-6)^2$의 그래프에 대한 설명으로 옳은 것을 모두 고르시오.

> | 보기 |
> ㄱ. x축을 축으로 한다.
> ㄴ. 점 $(6, 0)$을 꼭짓점으로 한다.
> ㄷ. 점 $(4, 3)$을 지난다.
> ㄹ. 이차함수 $y=\dfrac{1}{2}x^2$의 그래프를 x축의 방향으로 6만큼 평행이동한 것이다.

＿＿＿＿＿＿＿＿

4

이차함수 $y=5(x-2)^2$의 그래프가 점 $(k, 5)$를 지날 때, k의 값을 모두 구하시오.

＿＿＿＿＿＿＿＿

1

다음 □ 안에 알맞은 것을 쓰시오.

(1) 이차함수 $y=3(x+3)^2-1$의 그래프는 이차함수 $y=3x^2$의 그래프를 x축의 방향으로 □만큼, y축의 방향으로 □만큼 평행이동한 것이다.

(2) 이차함수 $y=-2(x-1)^2+2$의 그래프는 이차함수 $y=-2x^2$의 그래프를 x축의 방향으로 □만큼, y축의 방향으로 □만큼 평행이동한 것이다.

(3) 이차함수 $y=-5(x+3)^2-7$의 그래프는 이차함수 $y=$□의 그래프를 x축의 방향으로 □만큼, y축의 방향으로 □만큼 평행이동한 것이다.

(4) 이차함수 $y=\dfrac{1}{5}(x+8)^2+15$의 그래프는 이차함수 $y=$□의 그래프를 x축의 방향으로 □만큼, y축의 방향으로 □만큼 평행이동한 것이다.

(5) 이차함수 $y=-\dfrac{1}{3}(x+9)^2+6$의 그래프는 이차함수 $y=$□의 그래프를 x축의 방향으로 □만큼, y축의 방향으로 □만큼 평행이동한 것이다.

2

다음 이차함수의 그래프의 축의 방정식과 꼭짓점의 좌표를 각각 구하시오.

(1) $y=2(x-4)^2-3$

　　　① 축의 방정식 ：＿＿＿＿＿＿＿
　　　② 꼭짓점의 좌표：＿＿＿＿＿＿＿

(2) $y=-3(x-5)^2+11$

　　　① 축의 방정식 ：＿＿＿＿＿＿＿
　　　② 꼭짓점의 좌표：＿＿＿＿＿＿＿

(3) $y=\dfrac{1}{2}(x+1)^2+6$

　　　① 축의 방정식 ：＿＿＿＿＿＿＿
　　　② 꼭짓점의 좌표：＿＿＿＿＿＿＿

(4) $y=-\dfrac{1}{4}(x-2)^2-\dfrac{1}{2}$

　　　① 축의 방정식 ：＿＿＿＿＿＿＿
　　　② 꼭짓점의 좌표：＿＿＿＿＿＿＿

3

다음 중 이차함수 $y=-(x+2)^2+3$의 그래프로 알맞은 것은?

① 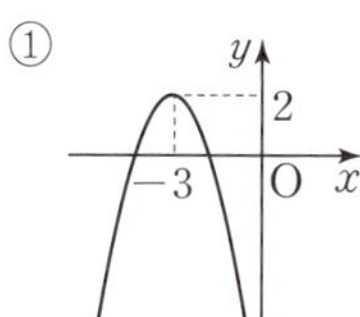 ② 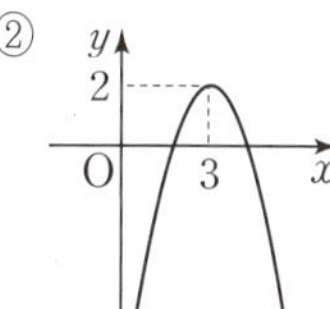

③ 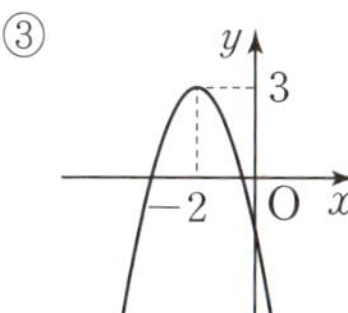 ④ 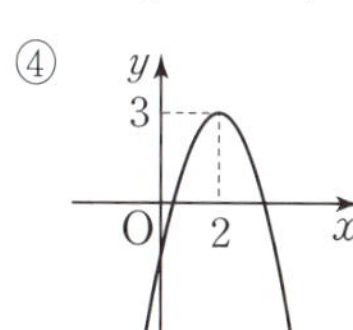

⑤ 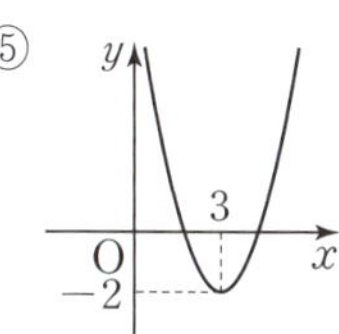

4

다음 이차함수 중 그래프의 꼭짓점이 제4사분면 위에 있는 것은?

① $y=-(x+4)^2$ 　　　② $y=(x-1)^2-3$

③ $y=3(x-2)^2+5$ 　　　④ $y=-5(x+1)^2-7$

⑤ $y=\dfrac{3}{4}(x+2)^2+6$

1

이차함수 $y=a(x-p)^2+q$의 그래프가 다음 그림과 같을 때, ◯ 안에 >, =, < 중 알맞은 것을 쓰시오.

(단, a, p, q는 상수)

(1)
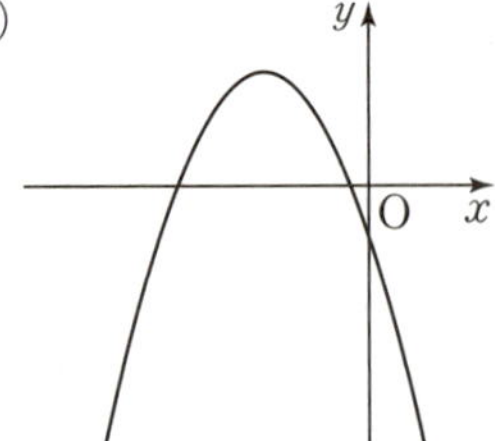

a ◯ 0
p ◯ 0
q ◯ 0

(2)
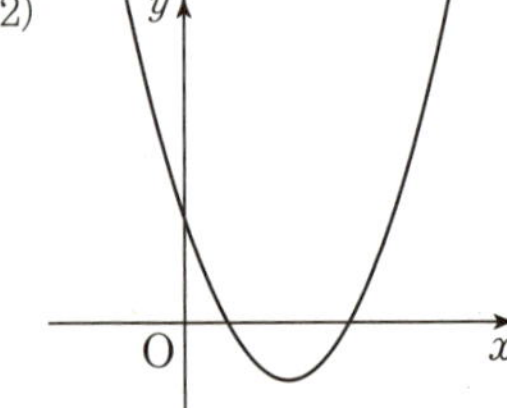

a ◯ 0
p ◯ 0
q ◯ 0

(3)
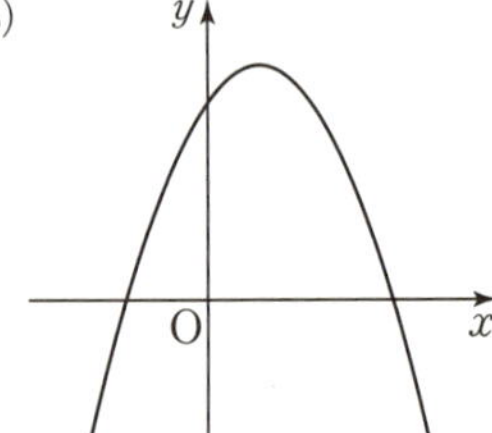

a ◯ 0
p ◯ 0
q ◯ 0

(4)
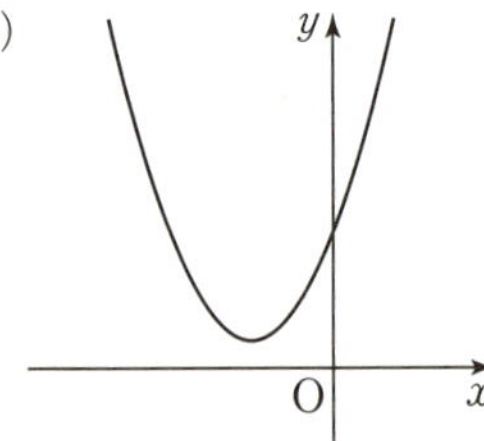

a ◯ 0
p ◯ 0
q ◯ 0

(5)
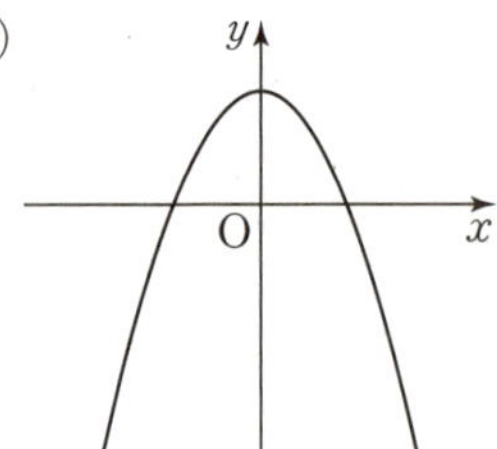

a ◯ 0
p ◯ 0
q ◯ 0

(6)
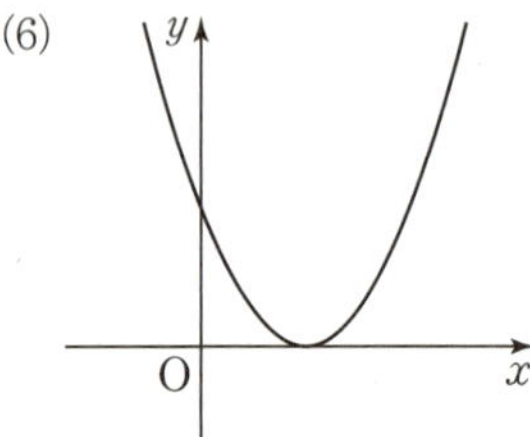

a ◯ 0
p ◯ 0
q ◯ 0

교과서 문제로 **개념 다지기**

2

$a>0$, $p<0$, $q>0$일 때, 다음 중 이차함수 $y=a(x-p)^2+q$의 그래프로 적당한 것은?

(단, a, p, q는 상수)

①   ②

③   ④

⑤

1

다음은 주어진 조건을 만족시키는 포물선을 그래프로 하는 이차함수의 식을 구하는 과정이다. □ 안에 알맞은 것을 쓰시오.

⑴ 꼭짓점의 좌표가 $(1,\ -2)$이고, 점 $(2,\ -3)$을 지나는 포물선

> ❶ 꼭짓점의 좌표가 $(1,\ -2)$이므로 이차함수의 식을
> $y=a(x-\square)^2-\square$로 놓자.
> ❷ 이 이차함수의 그래프가 점 $(2,\ -3)$을 지나므로
> ❶의 식에 $x=\square$, $y=\square$을 대입하여 a의 값을 구하면
> $a=\square$
> 따라서 구하는 이차함수의 식은
> $y=\boxed{}$

⑵ 꼭짓점의 좌표가 $(2,\ 4)$이고, 점 $(4,\ 5)$를 지나는 포물선

> ❶ 꼭짓점의 좌표가 $(2,\ 4)$이므로 이차함수의 식을
> $y=a(\boxed{})^2+\square$로 놓자.
> ❷ 이 이차함수의 그래프가 점 $(4,\ 5)$를 지나므로
> ❶의 식에 $x=\square$, $y=\square$를 대입하여 a의 값을 구하면
> $a=\square$
> 따라서 구하는 이차함수의 식은
> $\boxed{}$

2

다음은 축의 방정식이 $x=1$이고, 두 점 $(2,\ 3)$, $(-1,\ 9)$를 지나는 포물선을 그래프로 하는 이차함수의 식을 구하는 과정이다. □ 안에 알맞은 것을 쓰시오.

> ❶ 축의 방정식이 $x=1$이므로 이차함수의 식을
> $y=a(x-\square)^2+q$로 놓자.
> ❷ 이 이차함수의 그래프가 두 점 $(2,\ 3)$, $(-1,\ 9)$를 지나므로
> ❶의 식에 $x=2$, $y=3$을 대입하면
> $3=\boxed{}$　　… ㉠
> ❶의 식에 $x=-1$, $y=9$를 대입하면
> $9=\boxed{}$　　… ㉡
> ㉠, ㉡을 연립하여 풀면 $a=\square$, $q=\square$
> 따라서 구하는 이차함수의 식은
> $y=\boxed{}$

3

꼭짓점의 좌표가 $(3,\ 5)$이고, 점 $(1,\ -3)$을 지나는 포물선을 그래프로 하는 이차함수의 식을 구하시오.

4

축의 방정식이 $x=-1$이고, 두 점 $(1,\ -6)$, $(-2,\ 3)$을 지나는 포물선을 그래프로 하는 이차함수의 식을 $y=a(x-p)^2+q$라 할 때, 상수 $a,\ p,\ q$에 대하여 $a+p+q$의 값을 구하시오.

1

다음은 주어진 이차함수를 $y=a(x-p)^2+q$의 꼴로 나타내는 과정이다. □ 안에 알맞은 수를 쓰시오.

(1) $y=x^2+2x-7$
$=(x^2+2x)-7$
$=(x^2+2x+\square-\square)-7$
$=(x^2+2x+\square)-\square-7$
$=(x+1)^2-\square$

(2) $y=x^2-6x-1$
$=(x^2-6x)-1$
$=(x^2-6x+\square-\square)-1$
$=(x^2-6x+\square)-\square-1$
$=(x-3)^2-\square$

(3) $y=x^2+10x+12$
$=(x^2+10x)+12$
$=(x^2+10x+\square-\square)+12$
$=(x^2+10x+\square)-\square+12$
$=(x+\square)^2-\square$

2

다음은 주어진 이차함수를 $y=a(x-p)^2+q$의 꼴로 나타내는 과정이다. □ 안에 알맞은 수를 쓰시오.

(1) $y=2x^2+12x-3$
$=2(x^2+6x)-3$
$=2(x^2+6x+\square-\square)-3$
$=2(x^2+6x+\square)-\square-3$
$=2(x+3)^2-\square$

(2) $y=5x^2+20x-9$
$=5(x^2+4x)-9$
$=5(x^2+4x+\square-\square)-9$
$=5(x^2+4x+\square)-\square-9$
$=5(x+2)^2-\square$

(3) $y=-3x^2-6x+5$
$=-3(x^2+2x)+5$
$=-3(x^2+2x+\square-\square)+5$
$=-3(x^2+2x+\square)+\square+5$
$=-3(x+1)^2+\square$

3

다음 이차함수를 $y=a(x-p)^2+q$의 꼴로 나타내시오.

(1) $y=x^2+8x+3$

(2) $y=-\dfrac{1}{4}x^2-x+5$

4

이차함수 $y=3x^2-6x+2$를 $y=3(x-p)^2+q$의 꼴로 나타낼 때, 상수 p, q의 값을 각각 구하시오.

5

이차함수 $y=x^2+ax+7$의 그래프가 점 $(2, -5)$를 지날 때, 이 그래프의 꼭짓점의 좌표를 구하시오. (단, a는 상수)

1

다음 이차함수의 그래프의 꼭짓점의 좌표, y축과 만나는 점의 좌표, 그래프의 모양을 차례로 구하고, 그 그래프를 그리시오.

(1) $y=x^2-6x+1$

　① 꼭짓점의 좌표　　　　: ________________

　② y축과 만나는 점의 좌표: ________________

　③ 그래프의 모양　　　　: ________________

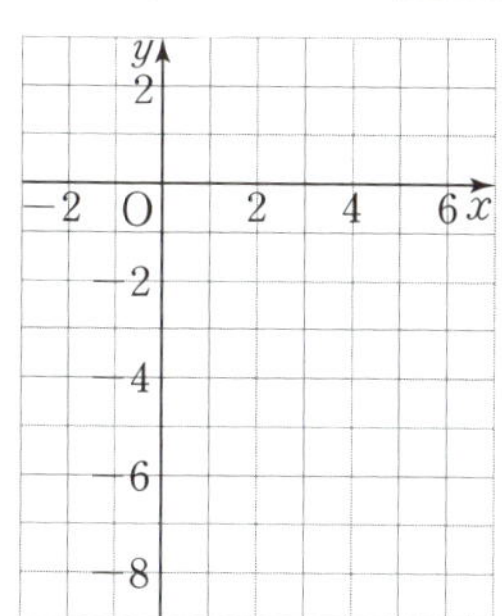

(2) $y=-5x^2-10x$

　① 꼭짓점의 좌표　　　　: ________________

　② y축과 만나는 점의 좌표: ________________

　③ 그래프의 모양　　　　: ________________

(3) $y=-\dfrac{2}{3}x^2+4x-3$

　① 꼭짓점의 좌표　　　　: ________________

　② y축과 만나는 점의 좌표: ________________

　③ 그래프의 모양　　　　: ________________

2

다음은 이차함수의 그래프가 x축과 만나는 점의 좌표를 구하는 과정이다. □ 안에 알맞은 수를 쓰시오.

(1) $y=x^2-2x-3$

> $y=x^2-2x-3$에 $y=\boxed{}$을 대입하면
> $\boxed{}=x^2-2x-3$
> $(x+1)(x-\boxed{})=0$
> $\therefore x=-1$ 또는 $x=\boxed{}$
> 따라서 x축과 만나는 점의 좌표는
> $(-1,\ \boxed{}),\ (\boxed{},\ \boxed{})$

(2) $y=-x^2-4x+12$

> $y=-x^2-4x+12$에 $y=\boxed{}$을 대입하면
> $\boxed{}=-x^2-4x+12$
> $(x+6)(x-\boxed{})=0$
> $\therefore x=-6$ 또는 $x=\boxed{}$
> 따라서 x축과 만나는 점의 좌표는
> $(-6,\ \boxed{}),\ (\boxed{},\ \boxed{})$

교과서 문제로 **개념 다지기**

3

다음 중 이차함수 $y=-\dfrac{1}{3}x^2+2x-1$의 그래프가 지나지 않는 사분면은?

① 제1사분면　　② 제2사분면　　③ 제3사분면
④ 제4사분면　　⑤ 없다.

4

이차함수 $y=2x^2-3x-2$의 그래프가 x축, y축과 만나는 점의 좌표를 각각 구하시오.

1

이차함수 $y=ax^2+bx+c$의 그래프가 다음 그림과 같을 때, ◯ 안에 >, =, < 중 알맞은 것을 쓰시오.

(단, a, b, c는 상수)

(1) 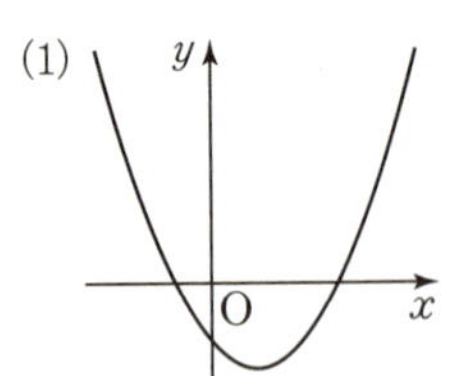

a ◯ 0

ab ◯ 0

b ◯ 0

c ◯ 0

(2) 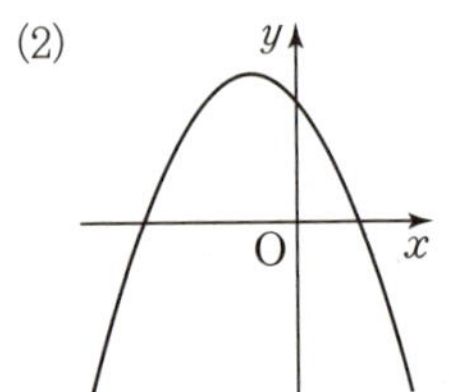

a ◯ 0

ab ◯ 0

b ◯ 0

c ◯ 0

(3) 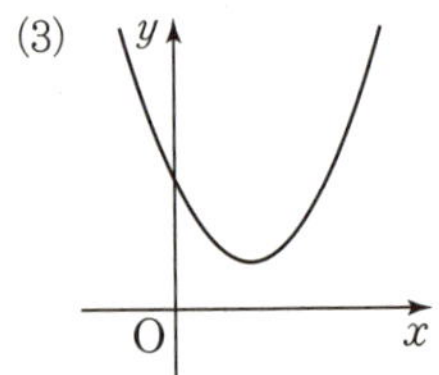

a ◯ 0

ab ◯ 0

b ◯ 0

c ◯ 0

(4) 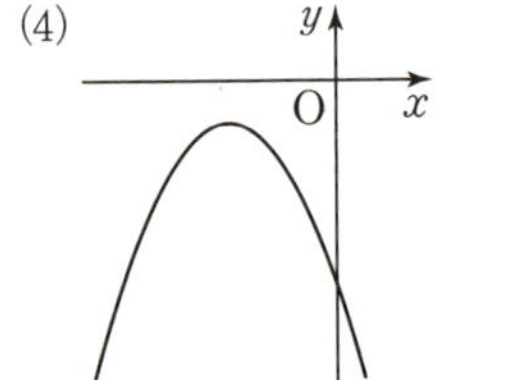

a ◯ 0

ab ◯ 0

b ◯ 0

c ◯ 0

(5) 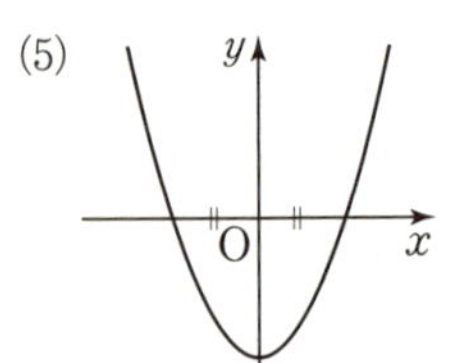

a ◯ 0

ab ◯ 0

b ◯ 0

c ◯ 0

(6) 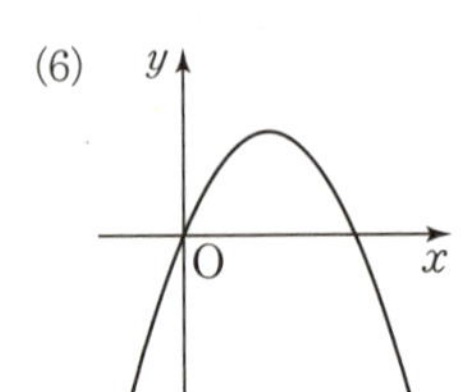

a ◯ 0

ab ◯ 0

b ◯ 0

c ◯ 0

교과서 문제로 **개념** 다지기

2

이차함수 $y=ax^2+bx+c$의 그래프가 오른쪽 그림과 같을 때, 상수 a, b, c의 부호는?

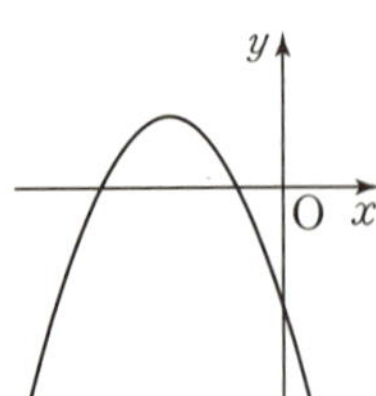

① $a<0$, $b<0$, $c<0$

② $a<0$, $b<0$, $c>0$

③ $a<0$, $b>0$, $c>0$

④ $a>0$, $b<0$, $c<0$

⑤ $a>0$, $b>0$, $c<0$

3

$a>0$, $b>0$, $c<0$일 때, 이차함수 $y=ax^2+bx+c$의 그래프의 꼭짓점은 제몇 사분면 위에 있는지 말하시오.

1

다음은 주어진 조건을 만족시키는 포물선을 그래프로 하는 이차함수의 식을 구하는 과정이다. ☐ 안에 알맞은 것을 쓰시오.

(1) 세 점 $(1, -1)$, $(0, -7)$, $(-1, -9)$를 지나는 포물선

❶ 구하는 이차함수의 식을 $y=ax^2+bx+c$로 놓자.
❷ 이 이차함수의 그래프가 점 $(0, -7)$을 지나므로
　$c=$☐
　즉, 이차함수 $y=ax^2+bx-$☐의 그래프가
　두 점 $(1, -1)$, $(-1, -9)$를 지나므로
　$-1=a+b-$☐, $-9=a-b-$☐
　이 두 식을 연립하여 풀면
　$a=$☐, $b=$☐
따라서 구하는 이차함수의 식은
　$y=$☐

(2) 세 점 $(-1, 3)$, $(1, 1)$, $(0, 6)$을 지나는 포물선

❶ 구하는 이차함수의 식을 $y=ax^2+bx+c$로 놓자.
❷ 이 이차함수의 그래프가 점 $(0, 6)$을 지나므로
　$c=$☐
　즉, 이차함수 $y=ax^2+bx+$☐의 그래프가
　두 점 $(-1, 3)$, $(1, 1)$을 지나므로
　$3=$☐, $1=$☐
　이 두 식을 연립하여 풀면
　$a=$☐, $b=$☐
따라서 구하는 이차함수의 식은
　☐

2

다음은 x축과 두 점 $(-5, 0)$, $(-1, 0)$에서 만나고, 점 $(-4, 3)$을 지나는 포물선을 그래프로 하는 이차함수의 식을 구하는 과정이다. ☐ 안에 알맞은 것을 쓰시오.

❶ x축과 두 점 $(-5, 0)$, $(-1, 0)$에서 만나므로 구하는 이차함수의 식을 $y=a(x+5)(x+$☐$)$로 놓자.
❷ 이 이차함수의 그래프가 점 $(-4, 3)$을 지나므로
　☐$=a(-4+5)(-4+1)$
　$\therefore a=$☐
따라서 구하는 이차함수의 식은
　$y=-(x+5)(x+$☐$)=$☐

3

다음 조건을 만족시키는 포물선을 그래프로 하는 이차함수의 식을 구하시오.

(1) 세 점 $(-1, 7)$, $(0, 5)$, $(1, 9)$를 지나는 포물선

(2) x축과 두 점 $(-2, 0)$, $(4, 0)$에서 만나고, 점 $(3, 10)$을 지나는 포물선

4

세 점 $(-5, 0)$, $(2, -14)$, $(1, 0)$을 지나는 이차함수의 그래프가 점 $(k, 16)$을 지날 때, k의 값을 모두 구하시오.

1

다음 그림은 이차함수 $y=-x^2-2x+8$의 그래프이다. 이 그래프의 꼭짓점을 A라 하고, 그래프가 x축과 만나는 두 점을 각각 B, C라 할 때, 다음을 구하시오.

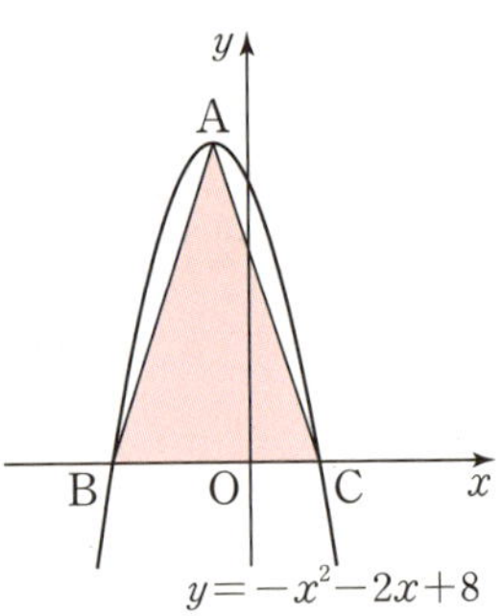

(1) 점 A의 좌표 ___________________

(2) 두 점 B, C의 좌표 ___________________

(3) △ABC의 넓이 ___________________

2

다음 그림은 이차함수 $y=-x^2+6x-5$의 그래프이다. 이 그래프의 꼭짓점을 A라 하고, 그래프가 x축과 만나는 두 점을 각각 B, C라 할 때, 다음을 구하시오.

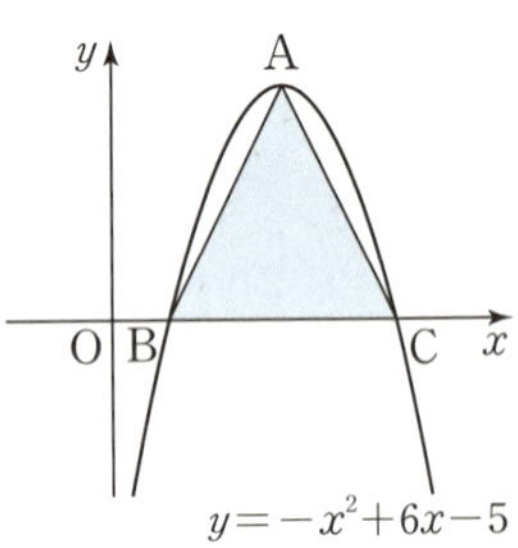

(1) 점 A의 좌표 ___________________

(2) 두 점 B, C의 좌표 ___________________

(3) △ABC의 넓이 ___________________

3

오른쪽 그림은 이차함수 $y=-x^2+3x+4$의 그래프이다. 이 그래프가 x축과 만나는 두 점을 각각 A, B라 하고, y축과 만나는 점을 C라 할 때, 다음을 구하시오.

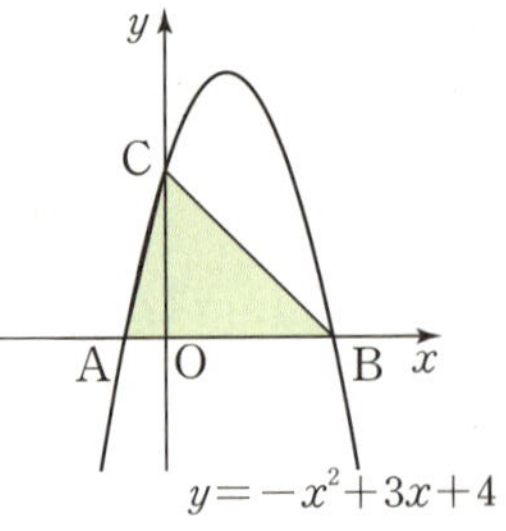

(1) 두 점 A, B의 좌표 ___________________

(2) 점 C의 좌표 ___________________

(3) △ABC의 넓이 ___________________

교과서 문제로 **개념 다지기**

4

오른쪽 그림과 같이 이차함수 $y=x^2+8x+12$의 그래프가 x축과 만나는 두 점을 각각 A, B라 하고, 꼭짓점을 C라 할 때, △ACB의 넓이를 구하시오.

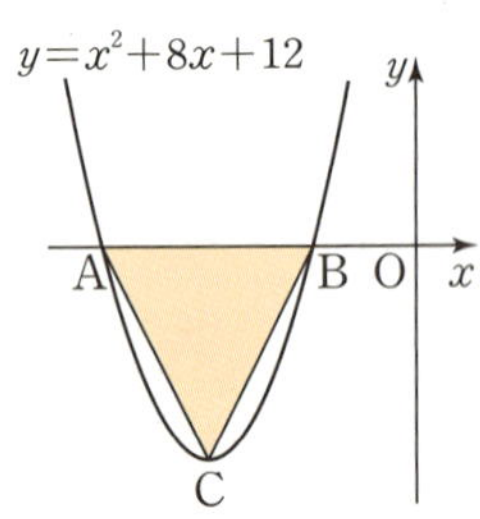

____

5

오른쪽 그림과 같이 이차함수 $y=x^2+2x-3$의 그래프의 꼭짓점을 A라 하고, y축과 만나는 점을 B라 할 때, △OAB의 넓이는? (단, O는 원점)

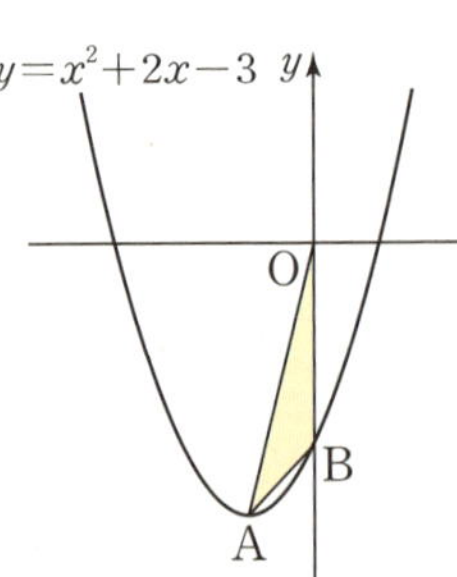

① 1   ② $\dfrac{3}{2}$

③ 2   ④ $\dfrac{5}{2}$

⑤ 3

01 제곱근

1 답 (1) $1, -1$ (2) $3, -3$ (3) $9, -9$ (4) $11, -11$
(5) $\dfrac{2}{7}, -\dfrac{2}{7}$ (6) $0.4, -0.4$

2 답 (1) $25, 25, 5, -5$ (2) $144, 144, 12, -12$

3 답 (1) 0 (2) $1, -1$ (3) $7, -7$ (4) 없다.
(5) $0.6, -0.6$ (6) $\dfrac{9}{5}, -\dfrac{9}{5}$

4 답 ②
x는 16의 제곱근이므로
$x^2=16$ 또는 $x=\pm4$

5 답 18
7의 제곱근이 A이므로 $A^2=7$
11의 제곱근이 B이므로 $B^2=11$
$\therefore A^2+B^2=7+11=18$

02 제곱근의 표현

1 답

a	a의 양의 제곱근	a의 음의 제곱근	a의 제곱근
7	$\sqrt{7}$	$-\sqrt{7}$	$\pm\sqrt{7}$
$\dfrac{1}{10}$	$\sqrt{\dfrac{1}{10}}$	$-\sqrt{\dfrac{1}{10}}$	$\pm\sqrt{\dfrac{1}{10}}$
5^2	5	-5	±5
$(-2)^2$	2	-2	±2
$\left(\dfrac{2}{3}\right)^2$	$\dfrac{2}{3}$	$-\dfrac{2}{3}$	$\pm\dfrac{2}{3}$
0.09	0.3	-0.3	±0.3
169	13	-13	±13

2 답 (1) $\sqrt{15}$ (2) $-\sqrt{15}$ (3) $\pm\sqrt{15}$ (4) $\sqrt{15}$

3 답 (1) 2 (2) -6 (3) ±12 (4) 0.5 (5) -0.1 (6) $\pm\dfrac{5}{11}$

4 답 7
$(-5)^2=25$이고 25의 양의 제곱근은 5이므로
$A=5$
$\sqrt{16}=4$이고 4의 음의 제곱근은 -2이므로
$B=-2$
$\therefore A-B=5-(-2)=7$

5 답 ②
①, ③, ④, ⑤ ±3
② 3
따라서 나머지 넷과 다른 하나는 ②이다.

03 제곱근의 성질

1 답 (1) 7 (2) $\dfrac{5}{4}$ (3) -11 (4) -1.5

2 답 (1) 6 (2) 17 (3) $-\dfrac{2}{5}$ (4) -0.3

3 답 (1) $6, 3, 9$ (2) $10, 7, 3$

4 답 (1) 11 (2) 9 (3) 21 (4) 4

5 답 ⑤
①, ②, ③, ④ 2
⑤ -2
따라서 나머지 넷과 다른 하나는 ⑤이다.

04 제곱근의 성질의 응용 (1) – 식 간단히 하기

1 답 (1) $A, -A$ (2) $A, -A$

2 답 (1) $3a$ (2) $-3a$ (3) $-3a, 3a$ (4) $-3a$

3 답 (1) $\dfrac{2}{5}a$ (2) $-\dfrac{2}{5}a$ (3) $-6a, 6a$ (4) $-6a$

4 답 (1) $>$, $a-1$ (2) $<$, $-1+a$

5 답 ①
$a<0$일 때, $-a>0$, $5a<0$이므로
$\sqrt{(-a)^2}-\sqrt{(5a)^2}=-a-(-5a)=4a$

6 답 2
$1<x<3$일 때, $x-1>0$, $x-3<0$이므로
$\sqrt{(x-1)^2}+\sqrt{(x-3)^2}=x-1+\{-(x-3)\}$
$=x-1-x+3$
$=2$

05 제곱근의 성질의 응용(2) - 제곱인 수 만들기

1 답

$\sqrt{(\text{제곱인 수})}$	$\sqrt{(\text{자연수})^2}$	자연수
$\sqrt{9}$	$\sqrt{3^2}$	3
$\sqrt{36}$	$\sqrt{6^2}$	6
$\sqrt{144}$	$\sqrt{12^2}$	12
$\sqrt{169}$	$\sqrt{13^2}$	13
$\sqrt{900}$	$\sqrt{30^2}$	30

2 답 (1) 2, 5, 2, 2, 2

(2) 3, 7, 7, 7, 7

(3) 9, 16, 25, 9, 16, 25, 2, 9, 18, 2

(4) 16, 25, 36, 16, 25, 36, 1, 10, 21, 1

3 답 ④

$\sqrt{252a}=\sqrt{2^2\times3^2\times7\times a}$가 자연수가 되려면

$a=7\times(\text{자연수})^2$의 꼴이어야 한다.

따라서 구하는 가장 작은 자연수 a의 값은 7이다.

06 제곱근의 대소 관계

1 답 (1) 2, 18   (2) $\sqrt{2}$, $\sqrt{18}$ (3) $\sqrt{2}$, $\sqrt{18}$

2 답 (1) <, <   (2) >, >   (3) <, >   (4) >, <

3 답 (개) 25, (나) >, (대) 24, (래) >

4 답 ④

① $4=\sqrt{16}$이고 $\sqrt{8}<\sqrt{16}$이므로 $\sqrt{8}<4$

② $17<18$이므로 $\sqrt{17}<\sqrt{18}$

③ $13<15$이므로 $\sqrt{13}<\sqrt{15}$ $\therefore\ -\sqrt{13}>-\sqrt{15}$

④ $\dfrac{1}{5}=\sqrt{\dfrac{1}{25}}$이고 $\sqrt{\dfrac{1}{6}}>\sqrt{\dfrac{1}{25}}$이므로 $\sqrt{\dfrac{1}{6}}>\dfrac{1}{5}$

⑤ $0.6<0.7$이므로 $\sqrt{0.6}<\sqrt{0.7}$

따라서 옳은 것은 ④이다.

07 무리수와 실수

1 답 (1) 유   (2) 무   (3) 유   (4) 무   (5) 유

(6) 무   (7) 유   (8) 유   (9) 무   (10) 무

2 답 (1) ×   (2) ×   (3) ○   (4) ○   (5) ○   (6) ×

3 답 ③

$\sqrt{0.\dot{4}}=\sqrt{\dfrac{4}{9}}=\dfrac{2}{3}$, $-\sqrt{1.21}=-\sqrt{1.1^2}=-1.1$, $\sqrt{(-2)^2}=2$는

유리수이다.

따라서 무리수는 $\sqrt{13}$, $0.1121231234\cdots$, π의 3개이다.

4 답 ④

(개)에 해당하는 수는 무리수이다.

① $\sqrt{25}=5$ ⇨ 유리수

② 0.1 ⇨ 유리수

③ $\sqrt{\dfrac{16}{81}}=\dfrac{4}{9}$ ⇨ 유리수

④ $-\sqrt{10}$ ⇨ 무리수

⑤ 14 ⇨ 유리수

따라서 (개)에 해당하는 수, 즉 무리수인 것은 ④이다.

08 실수와 수직선

1 답 (1) ×   (2) ×   (3) ○   (4) ×   (5) ○   (6) ×

2 답 1, 3, 10, $\sqrt{10}$, $-\sqrt{10}$

3 답 1, 1, 2, $\sqrt{2}$, $\sqrt{2}$, $3+\sqrt{2}$, $3-\sqrt{2}$

4 답 ㄴ

ㄱ. 서로 다른 두 유리수 사이에는 무수히 많은 유리수(또는 무리수)가 있다.

ㄷ. 수직선은 유리수와 무리수에 대응하는 점으로 완전히 메울 수 있다.

따라서 옳은 것은 ㄴ이다.

5 답 P: $-2+\sqrt{2}$, Q: $-1-\sqrt{2}$

피타고라스 정리에 의하여 $\overline{AC}=\overline{BD}=\sqrt{1^2+1^2}=\sqrt{2}$

따라서 점 P에 대응하는 수는 $-2+\sqrt{2}$이고,

점 Q에 대응하는 수는 $-1-\sqrt{2}$이다.

09 실수의 대소 관계

1 답 (1) 방법1 >, >, >, >   방법2 >, >

(2) 방법1 >, >, >, >   방법2 >, >

2 답 (1) >   (2) <   (3) <   (4) >

3 답 >, >, >, >, >, >, <, <

4 답 ④

① $1-(4-\sqrt{11})=-3+\sqrt{11}=-\sqrt{9}+\sqrt{11}>0$이므로
　$1>4-\sqrt{11}$

② $(\sqrt{6}-2)-1=\sqrt{6}-3=\sqrt{6}-\sqrt{9}<0$이므로
　$\sqrt{6}-2<1$

③ $(2-\sqrt{3})-(\sqrt{5}-\sqrt{3})=2-\sqrt{5}=\sqrt{4}-\sqrt{5}<0$이므로
　$2-\sqrt{3}<\sqrt{5}-\sqrt{3}$

④ $(-\sqrt{7}-3)-(-\sqrt{10}-3)=-\sqrt{7}+\sqrt{10}>0$이므로
　$-\sqrt{7}-3>-\sqrt{10}-3$

⑤ $(\sqrt{3}+\sqrt{5})-(\sqrt{5}+\sqrt{7})=\sqrt{3}-\sqrt{7}<0$이므로
　$\sqrt{3}+\sqrt{5}<\sqrt{5}+\sqrt{7}$

따라서 옳은 것은 ④이다.

5 답 ⑤

$a-b=(\sqrt{6}+4)-6=\sqrt{6}-2>0$이므로
$a>b$
$b-c=6-(6-\sqrt{2})=\sqrt{2}>0$이므로
$b>c$
$\therefore c<b<a$

⑩ 제곱근의 곱셈과 나눗셈

1 답 (1) $\sqrt{14}$　(2) $\sqrt{15}$　(3) $-\sqrt{42}$　(4) $15\sqrt{22}$

2 답 (1) $\dfrac{18}{5}$, 6　(2) 3, 5, 7, 105

3 답 (1) $\sqrt{7}$　(2) $\sqrt{3}$　(3) $-\sqrt{7}$　(4) $2\sqrt{5}$

4 답 13, $\dfrac{13}{7}$, 39

5 답 ④

① $\sqrt{5}\sqrt{6}=\sqrt{5\times6}=\sqrt{30}$

② $-\sqrt{3}\sqrt{27}=-\sqrt{3\times27}=-\sqrt{81}=-9$

③ $2\sqrt{2}\sqrt{3}=2\sqrt{2\times3}=2\sqrt{6}$

④ $\sqrt{\dfrac{3}{7}}\times\sqrt{\dfrac{14}{3}}=\sqrt{\dfrac{3}{7}\times\dfrac{14}{3}}=\sqrt{2}$

⑤ $\sqrt{\dfrac{2}{3}}\times7\sqrt{\dfrac{11}{10}}=7\sqrt{\dfrac{2}{3}\times\dfrac{11}{10}}=7\sqrt{\dfrac{11}{15}}$

따라서 옳지 않은 것은 ④이다.

6 답 5배

$\sqrt{10}\div\dfrac{\sqrt{2}}{\sqrt{5}}=\sqrt{10}\times\dfrac{\sqrt{5}}{\sqrt{2}}=\sqrt{10\times\dfrac{5}{2}}=\sqrt{25}=5$

따라서 $\sqrt{10}$은 $\dfrac{\sqrt{2}}{\sqrt{5}}$의 5배이다.

⑪ 근호가 있는 식의 변형

1 답 2^2, 2^2, 2, $2\sqrt{6}$

2 답 (1) 2, 2　(2) 5, 5　(3) 10, 10　(4) 12, 12
　　(5) 10, 10　(6) 7, 7　(7) 18, 3, 3

3 답 (1) 5, 125　(2) 12, $\dfrac{35}{144}$　(3) 5, $\dfrac{7}{25}$

4 답 ④

$3\sqrt{2}=\sqrt{3^2\times2}=\sqrt{18}$이므로 $a=18$
$\sqrt{63}=\sqrt{3^2\times7}=3\sqrt{7}$이므로 $b=7$
$\therefore a+b=18+7=25$

5 답 ㄱ, ㄷ

ㄴ. $\sqrt{\dfrac{20}{25}}=\dfrac{\sqrt{2^2\times5}}{\sqrt{5^2}}=\dfrac{2\sqrt{5}}{5}$

ㄹ. $\sqrt{0.12}=\sqrt{\dfrac{12}{100}}=\sqrt{\dfrac{3}{25}}=\dfrac{\sqrt{3}}{\sqrt{5^2}}=\dfrac{\sqrt{3}}{5}$

ㅁ. $-\sqrt{\dfrac{24}{49}}=-\dfrac{\sqrt{2^2\times6}}{\sqrt{7^2}}=-\dfrac{2\sqrt{6}}{7}$

따라서 옳은 것은 ㄱ, ㄷ이다.

⑫ 제곱근표

1 답 (1) 2.126　(2) 2.177　(3) 2.145　(4) 2.216

2 답 (1) 1.556　(2) 2.53　(3) 2.61　(4) 1.655

3 답 (1) 100, 10, 10, 26.46
　　(2) 100, 10, 10, 83.67
　　(3) 100, 10, 10, 0.2646
　　(4) 10000, 100, 100, 0.08367

4 답 ⑤

① $\sqrt{3800}=\sqrt{38\times100}=10\sqrt{38}=10\times6.164=61.64$

② $\sqrt{380}=\sqrt{3.8\times100}=10\sqrt{3.8}=10\times1.949=19.49$

③ $\sqrt{0.38}=\sqrt{\dfrac{38}{100}}=\dfrac{\sqrt{38}}{10}=\dfrac{6.164}{10}=0.6164$

④ $\sqrt{0.038}=\sqrt{\dfrac{3.8}{100}}=\dfrac{\sqrt{3.8}}{10}=\dfrac{1.949}{10}=0.1949$

⑤ $\sqrt{0.0038}=\sqrt{\dfrac{38}{10000}}=\dfrac{\sqrt{38}}{100}=\dfrac{6.164}{100}=0.06164$

따라서 옳지 않은 것은 ⑤이다.

⑬ 분모의 유리화

1 답 ㈎ $\sqrt{5}$, ㈏ $\sqrt{5}$, ㈐ 15, ㈑ 15

2 답 (1) $\sqrt{6}$, $\sqrt{6}$, $\dfrac{\sqrt{6}}{6}$ (2) $\sqrt{13}$, $\sqrt{13}$, $\dfrac{7\sqrt{13}}{13}$

(3) $\sqrt{3}$, $\sqrt{3}$, $\dfrac{\sqrt{3}}{6}$ (4) $\sqrt{3}$, $\sqrt{3}$, $\dfrac{11\sqrt{3}}{12}$

(5) $\sqrt{7}$, $\sqrt{7}$, $\dfrac{\sqrt{35}}{14}$ (6) $\sqrt{7}$, $\sqrt{7}$, $\dfrac{\sqrt{14}}{21}$

3 답 (1) $\dfrac{\sqrt{7}}{7}$ (2) $\dfrac{3\sqrt{5}}{5}$ (3) $-\dfrac{\sqrt{51}}{3}$ (4) $\dfrac{3\sqrt{5}}{20}$ (5) $\dfrac{\sqrt{14}}{7}$

4 답 ③

③ $\dfrac{\sqrt{6}}{\sqrt{20}}=\dfrac{\sqrt{6}}{2\sqrt{5}}=\dfrac{\sqrt{6}\times\sqrt{5}}{2\sqrt{5}\times\sqrt{5}}=\dfrac{\sqrt{30}}{10}$

⑭ 제곱근의 곱셈과 나눗셈의 도형에의 활용

1 답 $\sqrt{30}$

2 답 (1) $7\sqrt{2}$ (2) $3\sqrt{2}$

3 답 5π

4 답 $\sqrt{21}$, $3\sqrt{14}$

5 답 $2\sqrt{3}$

삼각형의 넓이는

$\dfrac{1}{2}\times\sqrt{60}\times x=\dfrac{1}{2}\times2\sqrt{15}\times x=\sqrt{15}\,x$

직사각형의 넓이는

$2\sqrt{3}\times\sqrt{15}=6\sqrt{5}$

따라서 $\sqrt{15}\,x=6\sqrt{5}$이므로

$x=\dfrac{6\sqrt{5}}{\sqrt{15}}=\dfrac{6}{\sqrt{3}}=2\sqrt{3}$

⑮ 제곱근의 덧셈과 뺄셈

1 답 (1) $5\sqrt{3}$ (2) $11\sqrt{2}$ (3) $14\sqrt{7}$ (4) $-5\sqrt{3}$

(5) $-3\sqrt{6}$ (6) $-11\sqrt{7}$

2 답 (1) $3\sqrt{3}$ (2) $-2\sqrt{7}$ (3) $-4\sqrt{17}$

(4) $7\sqrt{11}-2\sqrt{23}$ (5) $\sqrt{10}-6\sqrt{5}$

---

3 답 (1) $-2\sqrt{3}$ (2) $5\sqrt{5}$ (3) $3\sqrt{2}$ (4) $-3\sqrt{3}$

4 답 ②

$3\sqrt{24}-\dfrac{\sqrt{32}}{4}+\sqrt{96}+\dfrac{12}{\sqrt{8}}$

$=6\sqrt{6}-\dfrac{4\sqrt{2}}{4}+4\sqrt{6}+\dfrac{12}{2\sqrt{2}}$

$=6\sqrt{6}-\sqrt{2}+4\sqrt{6}+3\sqrt{2}$

$=2\sqrt{2}+10\sqrt{6}$

따라서 $a=2$, $b=10$이므로

$b-a=10-2=8$

⑯ 근호를 포함한 식의 분배법칙 / 혼합 계산

1 답 (1) $2+2\sqrt{3}$ (2) $2\sqrt{30}+8\sqrt{3}$ (3) $\sqrt{22}-2\sqrt{6}$

(4) $3\sqrt{35}-4\sqrt{15}$ (5) $3+2\sqrt{2}$

2 답 (1) $\sqrt{7}$, $\sqrt{7}$, $\dfrac{\sqrt{35}+\sqrt{21}}{7}$ (2) $\sqrt{3}$, $\sqrt{3}$, $\dfrac{3\sqrt{2}-2\sqrt{3}}{3}$

(3) $\sqrt{2}$, $\sqrt{2}$, $\dfrac{\sqrt{22}+6}{7}$ (4) $\sqrt{5}$, $\sqrt{5}$, $2-\sqrt{2}$

(5) $\sqrt{6}$, $\sqrt{6}$, $\sqrt{2}+\sqrt{3}$

3 답 (1) $6\sqrt{2}$ (2) $-\sqrt{2}$ (3) $2\sqrt{10}$

(4) $\dfrac{7\sqrt{15}}{5}$ (5) $4\sqrt{3}$

4 답 ②

$\sqrt{3}(\sqrt{18}-\sqrt{12})-\sqrt{2}(\sqrt{8}+\sqrt{12})$

$=\sqrt{3}(3\sqrt{2}-2\sqrt{3})-\sqrt{2}(2\sqrt{2}+2\sqrt{3})$

$=3\sqrt{6}-6-4-2\sqrt{6}$

$=-10+\sqrt{6}$

따라서 $a=-10$, $b=1$이므로

$a+b=-10+1=-9$

5 답 $3+4\sqrt{10}$

$\sqrt{2}(\sqrt{8}+3\sqrt{5})+\dfrac{5\sqrt{2}-\sqrt{5}}{\sqrt{5}}$

$=\sqrt{2}(2\sqrt{2}+3\sqrt{5})+\dfrac{(5\sqrt{2}-\sqrt{5})\times\sqrt{5}}{\sqrt{5}\times\sqrt{5}}$

$=4+3\sqrt{10}+\dfrac{5\sqrt{10}-5}{5}$

$=4+3\sqrt{10}+\sqrt{10}-1$

$=3+4\sqrt{10}$

17 제곱근의 덧셈과 뺄셈의 도형에의 활용

1 답 (1) $4\sqrt{2}+3\sqrt{5}$ (2) $9\sqrt{3}$ (3) $6\sqrt{6}$ (4) $10\sqrt{7}$

2 답 (1) $6+3\sqrt{10}$ (2) $7+7\sqrt{2}$ (3) $5+4\sqrt{5}$

3 답 $20\sqrt{3}+8\sqrt{6}$

주어진 직육면체의 높이를 h라 하면

$\sqrt{48}\times\sqrt{3}\times h=24\sqrt{6}$에서

$4\sqrt{3}\times\sqrt{3}\times h=24\sqrt{6}$

$12h=24\sqrt{6}$

$\therefore h=\dfrac{24\sqrt{6}}{12}=2\sqrt{6}$

따라서 직육면체의 모든 모서리의 길이의 합은

$4(\sqrt{48}+\sqrt{3}+2\sqrt{6})=4(5\sqrt{3}+2\sqrt{6})$
$\qquad\qquad\qquad\qquad\quad=20\sqrt{3}+8\sqrt{6}$

18 실수의 대소 관계

1 답 (1) $3\sqrt{10}$, $2\sqrt{10}$, $\sqrt{10}$, $>$, $>$
  (2) 10, $2\sqrt{7}$, 7, 49, $<$, $<$
  (3) $\sqrt{6}$, $\sqrt{5}$, $3\sqrt{5}$, 45, $>$, $>$

2 답 (1) $>$ (2) $<$ (3) $>$
  (4) $>$ (5) $<$ (6) $>$

3 답 ④

① $2\sqrt{3}=\sqrt{12}$, $3=\sqrt{9}$에서 $2\sqrt{3}>3$
  $\therefore -2\sqrt{3}<-3$

② $(5+\sqrt{2})-(\sqrt{18}+2)=5+\sqrt{2}-3\sqrt{2}-2$
$\qquad\qquad\qquad\qquad\qquad=3-2\sqrt{2}$
$\qquad\qquad\qquad\qquad\qquad=\sqrt{9}-\sqrt{8}>0$

이므로 $5+\sqrt{2}>\sqrt{18}+2$

③ $(\sqrt{6}+\sqrt{2})-(\sqrt{6}+1)=\sqrt{2}-1>0$이므로
  $\sqrt{6}+\sqrt{2}>\sqrt{6}+1$

④ $(\sqrt{3}+3\sqrt{7})-(\sqrt{3}+2\sqrt{15})=3\sqrt{7}-2\sqrt{15}$
$\qquad\qquad\qquad\qquad\qquad\qquad\quad=\sqrt{63}-\sqrt{60}>0$

이므로 $\sqrt{3}+3\sqrt{7}>\sqrt{3}+2\sqrt{15}$

⑤ $(4\sqrt{2}-3\sqrt{3})-(\sqrt{8}-\sqrt{12})=4\sqrt{2}-3\sqrt{3}-2\sqrt{2}+2\sqrt{3}$
$\qquad\qquad\qquad\qquad\qquad\qquad\quad=2\sqrt{2}-\sqrt{3}$
$\qquad\qquad\qquad\qquad\qquad\qquad\quad=\sqrt{8}-\sqrt{3}>0$

이므로 $4\sqrt{2}-3\sqrt{3}>\sqrt{8}-\sqrt{12}$

따라서 옳은 것은 ④이다.

19 곱셈 공식(1)

1 답 (1) $4a$, 12 (2) $4x$, 4
  (3) 4, 20, 9, 20 (4) 5, 5, 4, 5
  (5) xy, $3y^2$, 4, $3y^2$ (6) $6xy$, 2, $5xy$, $2y^2$

2 답 (1) 1, 2, 1 (2) 3, 3, 6, 9 (3) 4, 4, 8, 16
  (4) 7, 7, 14, 49

3 답 (1) 2, 4, 4 (2) 3, 3, 6, 9 (3) 7, 7, 14, 49 (4) 9, 18, 81

4 답 ③

③ $(3x-5)^2=(3x)^2-2\times3x\times5+5^2=9x^2-30x+25$

5 답 -9

$(2a+b)(-5b+a-3)=-10ab+2a^2-6a-5b^2+ab-3b$
$\qquad\qquad\qquad\qquad\qquad=2a^2-9ab-6a-5b^2-3b$

따라서 ab의 계수는 -9이다.

> **다른 풀이**
>
> ab가 나오는 항만 전개하면 $2a\times(-5b)+b\times a=-9ab$
> 따라서 ab의 계수는 -9이다.

20 곱셈 공식(2)

1 답 (1) 1, 1 (2) 2, 4 (3) $\dfrac{1}{3}$, $\dfrac{1}{9}$ (4) a, a^2
  (5) a, a^2 (6) $-x$, x, 9

2 답 (1) $9a^2-4$ (2) $\dfrac{1}{16}x^2-25$ (3) x^2-4y^2
  (4) a^2-16b^2 (5) $49x^2-y^2$ (6) $25a^2-9b^2$

3 답 (1) a^2-64 (2) x^2-36 (3) $1-16a^2$
  (4) $x^2-\dfrac{1}{25}$ (5) $4y^2-x^2$ (6) $49x^2-y^2$

4 답 8

$(3x+a)(3x-a)=9x^2-a^2=9x^2-64$이므로
$a^2=64$
그런데 $a>0$이므로 $a=8$

5 답 (1) 4, 1 (2) 2, 9, 4, 81

(1) $(4a^2+1)(4a^2-1)=(4a^2)^2-1^2$
$\qquad\qquad\qquad\qquad\quad=16a^{\boxed{4}}-\boxed{1}$

(2) $(x-3)(x+3)(x^2+9)=(x^{\boxed{2}}-\boxed{9})(x^2+9)$
$\qquad\qquad\qquad\qquad\qquad=(x^2)^2-9^2=x^{\boxed{4}}-\boxed{81}$

21 곱셈 공식 (3), (4)

1 답 (1) $x^2+10x+24$　(2) x^2+6x+5
　(3) $x^2+9x+14$　(4) $x^2-7x+10$
　(5) x^2-8x+7　(6) $x^2-9x+18$
　(7) x^2-3x-4　(8) $x^2+4x-21$
　(9) $x^2+5x-24$　(10) $x^2-5xy+4y^2$
　(11) $x^2+3xy-18y^2$　(12) $x^2-3xy-28y^2$

2 답 (1) $12x^2+13x+3$　(2) $8x^2+26x+15$
　(3) $12x^2+31x+7$　(4) $12x^2-10x+2$
　(5) $6x^2-37x+45$　(6) $8x^2-10x+3$
　(7) $6x^2-x-12$　(8) $6x^2-13x-5$
　(9) $8x^2-6x-35$　(10) $8x^2-22xy+15y^2$
　(11) $15x^2-7xy-36y^2$　(12) $8x^2+6xy-35y^2$

3 답 ⑤
① $(x+5)(x+3)=x^2+8x+15$
② $(a+b)(a-5b)=a^2-4ab-5b^2$
③ $(3x+1)(x-4)=3x^2-11x-4$
④ $(-2a+3b)(4a-7b)=-8a^2+26ab-21b^2$
따라서 옳은 것은 ⑤이다.

22 곱셈 공식의 응용 (1) - 수의 계산

1 답 (1) ㄹ　(2) ㄱ　(3) ㄴ　(4) ㄷ

2 답 (1) ③ 2601
　(2) ① $60^2+2\times60\times2+2^2$
　　② $3600+240+4$　③ 3844
　(3) ① $90^2-2\times90\times2+2^2$
　　② $8100-360+4$　③ 7744
　(4) ① $400^2-2\times400\times1+1^2$
　　② $160000-800+1$　③ 159201
　(5) ① 30^2-1^2　② $900-1$　③ 899
　(6) ① 100^2-1^2　② $10000-1$　③ 9999
　(7) ① $60^2+(2+4)\times60+2\times4$
　　② $3600+360+8$　③ 3968
　(8) ① $40^2-(2+1)\times40+2\times1$
　　② $1600-120+2$　③ 1482

23 곱셈 공식의 응용 (2) - 식의 계산 ①

3 답 ③
$5.03\times4.97=(5+0.03)(5-0.03)$에서
$a=5$, $b=0.03$으로 놓으면
$$(a+b)(a-b)=a^2-b^2$$
$$=5^2-(0.03)^2$$
$$=25-0.0009$$
$$=24.9991$$
로 계산하는 것이 가장 편리하다.
따라서 주어진 수를 계산할 때 가장 편리한 곱셈 공식은 ③이다.

1 답 (1) $10-2\sqrt{21}$　(2) $14-4\sqrt6$　(3) 3　(4) -25
　(5) 10　(6) -5　(7) $5-3\sqrt3$　(8) $-7+\sqrt{10}$

2 답 (1) $\sqrt2-1$, $\sqrt2-1$, $\sqrt6-\sqrt3$
　(2) $2-\sqrt3$, $2-\sqrt3$, $4-2\sqrt3$
　(3) $\sqrt2-\sqrt5$, $\sqrt2-\sqrt5$, $-\dfrac{\sqrt2-\sqrt5}{3}$
　(4) $\sqrt3-\sqrt2$, $\sqrt3-\sqrt2$, $\sqrt{15}-\sqrt{10}$
　(5) $\sqrt7+\sqrt5$, $\sqrt7+\sqrt5$, $\dfrac{3\sqrt7+3\sqrt5}{2}$
　(6) $2\sqrt2+\sqrt7$, $2\sqrt2+\sqrt7$, $2\sqrt2+\sqrt7$
　(7) $2\sqrt3-\sqrt{10}$, $2\sqrt3-\sqrt{10}$, $2\sqrt3-\sqrt{10}$
　(8) $\sqrt6+\sqrt5$, $\sqrt6+\sqrt5$, $11+2\sqrt{30}$

3 답 ⑤
$(\sqrt3+1)^2-(2-\sqrt5)(2+\sqrt5)$
$=\{(\sqrt3)^2+2\times\sqrt3\times1+1^2\}-\{2^2-(\sqrt5)^2\}$
$=(3+2\sqrt3+1)-(4-5)$
$=4+2\sqrt3+1$
$=5+2\sqrt3$

4 답 1
$$\dfrac{2}{\sqrt7+\sqrt3}=\dfrac{2\times(\sqrt7-\sqrt3)}{(\sqrt7+\sqrt3)\times(\sqrt7-\sqrt3)}$$
$$=\dfrac{2(\sqrt7-\sqrt3)}{7-3}=\dfrac{\sqrt7-\sqrt3}{2}=\dfrac{\sqrt7}{2}-\dfrac{\sqrt3}{2}$$
$\dfrac{\sqrt7}{2}-\dfrac{\sqrt3}{2}=a\sqrt3+b\sqrt7$이므로
$$a=-\dfrac12,\ b=\dfrac12$$
$$\therefore 2a+4b=2\times\left(-\dfrac12\right)+4\times\dfrac12=1$$

24 곱셈 공식의 응용 (2) - 식의 계산 ②

1 답 (1) 2, 2, 10   (2) 4, 4, 4

2 답 (1) 2, 2, -2 (2) 4, 4, 16

3 답 (1) 2, 2, 4, -1
　　(2) 5, 5, 10, -18, -25
　　(3) 3, 3, 9, -4
　　(4) 5, 5, 25, -19, -9

4 답 (1) 13   (2) 25   (3) $-\dfrac{1}{6}$ (4) $-\dfrac{13}{6}$

(1) $x^2+y^2=(x+y)^2-2xy$
　　　　$=1^2-2\times(-6)$
　　　　$=13$

(2) $(x-y)^2=(x+y)^2-4xy$
　　　　$=1^2-4\times(-6)$
　　　　$=25$

(3) $\dfrac{1}{x}+\dfrac{1}{y}=\dfrac{x+y}{xy}=-\dfrac{1}{6}$

(4) $\dfrac{y}{x}+\dfrac{x}{y}=\dfrac{x^2+y^2}{xy}=-\dfrac{13}{6}$ $(\because$ (1))

25 곱셈 공식의 도형에의 활용

1 답 (1) $a-b$ (2) $c-d$ (3) $ac-ad-bc+bd$

2 답 (1) $x-a$ (2) $x-a$ (3) $x^2-2ax+a^2$

3 답 (1) $a+b$ (2) $a-2b$ (3) $a^2-ab-2b^2$

4 답 (1) $9a^2+6a+1$ (또는 $(3a+1)^2$)
　　(2) $2x^2+13x+20$ (또는 $(2x+5)(x+4)$)

(1) (넓이)$=(3a+1)^2$
　　　　$=9a^2+6a+1$

(2) (넓이)$=(2x+5)(x+4)$
　　　　$=2x^2+13x+20$

26 인수분해

1 (1) $3x^2+6x$ (2) x^2+3x+2 (3) x^2+x-12
　　(4) x^2-4x+4 (5) $6x^2+7x-5$ (6) $3x^2-xy-2y^2$

2 답 (1) ① a　② $a(6a-1)$
　　(2) ① b　② $b(x+z)$
　　(3) ① xy　② $xy(x+2)$
　　(4) ① m　② $m(x-y+z)$

3 답 (1) $4xy^2(1-2xy)$
　　(2) $-x^2(x-7)$
　　(3) $xy(x-y)$
　　(4) $2y(3x+4z)$

4 답 ④

$x(x+2)(x-2)=\underset{①}{x}\times\underset{②}{(x+2)}\times\underset{③}{(x-2)}$
　　　　$=x\times(x+2)(x-2)$
　　　　$=x\times\underset{⑤}{(x^2-4)}$

따라서 인수가 아닌 것은 ④ x^2+4이다.

5 답 ⑤

$x^4+5x^2y=\underset{①}{x}\times\underset{④}{(x^3+5xy)}$
　　　　$=\underset{②}{x^2}\times\underset{③}{(x^2+5y)}$

따라서 인수가 아닌 것은 ⑤ x^4+5xy이다.

27 인수분해 공식 (1)

1 답 (1) 5, 5, 5   (2) 3, 3, 4, 4, 3, 4
　　(3) $(x+6)^2$ (4) $(5x-2)^2$
　　(5) $2(2x+1)^2$ (6) $3(x-5)^2$

2 답 (1) 11, 11, 121   (2) ±7, ±14
　　(3) 100   (4) ±18

3 답 (1) 2, 4   (2) 3, ±24
　　(3) 36   (4) ±40

4 답 ㄱ, ㄹ

$x^2+ax+64=x^2+ax+(\pm8)^2$
이 식이 완전제곱식이 되려면
$a=2\times(\pm8)=\pm16$
따라서 상수 a의 값은 ㄱ, ㄹ이다.

28 인수분해 공식(2)

1 답 (1) 7, 7

    (2) 3, 1, 3, 1

    (3) 11, 11, 11

    (4) 9, 2, 9, 2

    (5) 2, 3, 3, 2

    (6) 8, 9, 9, 8

    (7) 2, 4, 2, 4

    (8) 5, 5, 5

    (9) $\dfrac{3}{5}$, $\dfrac{1}{6}$, $\dfrac{1}{6}$, $\dfrac{1}{6}$

2 답 (1) $(a+6)(a-6)$

    (2) $\left(x+\dfrac{1}{10}\right)\left(x-\dfrac{1}{10}\right)$

    (3) $(4x+7)(4x-7)$

    (4) $(y+2x)(y-2x)$

    (5) $(5x+4y)(5x-4y)$

    (6) $\left(\dfrac{3}{2}x+\dfrac{7}{8}y\right)\left(\dfrac{3}{2}x-\dfrac{7}{8}y\right)$

3 답 $10x$

$25x^2-4=(5x+2)(5x-2)$이므로 두 일차식의 합은

$(5x+2)+(5x-2)=10x$

29 인수분해 공식(3)

1 답 (1) 1, 5   (2) -2, 3   (3) 3, 4   (4) -5, -7

    (5) -3, -12 (6) -8, 9

2 답 (1) 2, -3, $(x+2)(x-3)$

    (2) -1, -5, $(x-1)(x-5)$

    (3) -2, 5, $(x-2)(x+5)$

    (4) 7, -8, $(x+7)(x-8)$

    (5) 2, -6, $(x+2)(x-6)$

    (6) -3, 8, $(x-3)(x+8)$

    (7) -7, -8, $(x-7)(x-8)$

    (8) 2, -9, $(x+2)(x-9)$

3 답 ②, ④

② $x^2+9x-36=(x-3)(x+12)$

④ $x^2-4xy-12y^2=(x+2y)(x-6y)$

30 인수분해 공식(4)

1 답 풀이 참조

(1) $3x^2+8x+4=(x+2)(3x+2)$

$$
\begin{array}{lcl}
x & \diagdown & 2 \rightarrow\ 6x \\
3x & \diagup & 2 \rightarrow\ \underline{2x}\ (+ \\
& & \qquad\ 8x
\end{array}
$$

(2) $4x^2+x-3=(x+1)(4x-3)$

$$
\begin{array}{lcl}
x & \diagdown & 1 \rightarrow\ 4x \\
4x & \diagup & -3 \rightarrow\ \underline{-3x}\ (+ \\
& & \qquad\ x
\end{array}
$$

(3) $2x^2-9x+7=(x-1)(2x-7)$

$$
\begin{array}{lcl}
x & \diagdown & -1 \rightarrow\ -2x \\
2x & \diagup & -7 \rightarrow\ \underline{-7x}\ (+ \\
& & \qquad\ -9x
\end{array}
$$

(4) $6x^2-5xy-6y^2=(2x-3y)(3x+2y)$

$$
\begin{array}{lcl}
2x & \diagdown & -3y \rightarrow\ -9xy \\
3x & \diagup & 2y \rightarrow\ \underline{4xy}\ (+ \\
& & \qquad\ -5xy
\end{array}
$$

2 답 (1) $(x-5)(3x-1)$

    (2) $(x-1)(5x+3)$

    (3) $(x+1)(7x-5)$

    (4) $(2x-1)(3x+1)$

    (5) $(2x-3)(3x+7)$

    (6) $(3x+2)(3x-4)$

    (7) $(x+2y)(3x+y)$

    (8) $(2x+y)(4x-3y)$

    (9) $(x+y)(4x+3y)$

    (10) $(3x+y)(3x-2y)$

3 답 1

$8x^2-18xy-5y^2=(2x-5y)(4x+y)$

따라서 $(2x-5y)(4x+y)=(ax+by)(cx+y)$이므로

$a=2$, $b=-5$, $c=4$

$\therefore a+b+c=2+(-5)+4=1$

31 인수분해 공식의 응용

1 답 (1) ㄷ, 1600   (2) ㄴ, 9600

    (3) ㄹ, 2500   (4) ㄷ, 210

    (5) ㄱ, 10000   (6) ㄴ, $10\sqrt{2}$

2 답 (1) 5, 5, 90, 8100

(2) 32, 68, 36, 3600

(3) $x+y$, $\sqrt{5}-\sqrt{2}$, $2\sqrt{5}$, 20

3 답 ㄱ, ㄴ

$6\times31^2-12\times31+6$

$=6(31^2-2\times31+1)$ $ma+mb=m(a+b)$ 이용 (ㄱ)

$=6(31^2-2\times31\times1+1^2)$ $a^2-2ab+b^2=(a-b)^2$ 이용 (ㄴ)

$=6(31-1)^2$

$=6\times900$

$=5400$

따라서 주어진 수를 계산할 때 가장 편리한 인수분해 공식은 ㄱ, ㄴ이다.

4 답 $4\sqrt{5}$

$x+y=4$, $x-y=\sqrt{5}$이므로

$x^2-y^2=(x+y)(x-y)$

$\qquad\quad=4\times\sqrt{5}$

$\qquad\quad=4\sqrt{5}$

㉜ 인수분해 공식의 도형에의 활용

1 답 (1) $(x+2)^2$, $(x+2)^2$

(2) $x+2$, $(x+3)(x+2)$, $(x+2)(x+3)$

2 답 (1) $2x+1$ (2) $10x+12$

(1) $6x^2+13x+5=(2x+1)(3x+5)$이고, 직사각형의 가로의 길이가 $3x+5$이므로 세로의 길이는

$2x+1$

(2) 직사각형의 둘레의 길이는

$2\{(3x+5)+(2x+1)\}=2(5x+6)$

$\qquad\qquad\qquad\qquad\quad=10x+12$

㉝ 복잡한 식의 인수분해

1 답 (1) 2, $x-2$, 4

(2) $x-2y$, 8

(3) 5, 5, $x+6$, 11, 1

2 답 (1) y, y, y

(2) $2x+1$, $2x+1$, $2x+1$

---

3 답 (1) $y-5$, $y-5$, $x-y+5$

(2) 3, 3, $x-y-3$

4 답 -6

$x+5=A$로 놓으면

$(x+5)^2-9(x+5)+14$

$=A^2-9A+14$

$=(A-2)(A-7)$

$=(x+5-2)(x+5-7)$

$=(x+3)(x-2)$

따라서 $(x+3)(x-2)=(x+a)(x+b)$이므로

$a=3$, $b=-2$ 또는 $a=-2$, $b=3$

$\therefore ab=3\times(-2)=-6$

5 답 ②

$a^2-b^2+ac-bc$

$=(a+b)(a-b)+c(a-b)$

$=(a-b)(a+b+c)$

㉞ 이차방정식과 그 해

1 답 (1) ○ (2) × (3) ○ (4) × (5) ○ (6) ○

2 답 (1) $5x^2-2x+3=0$

(2) $6x^2-4x-1=0$

(3) $5x^2-8x-5=0$

(4) $2x^2+3x-7=0$

(5) $9x^2-4x-6=0$

(6) $x^2-12x-24=0$

3 답 (1) $x=0$ (2) $x=-1$

(3) $x=-1$ 또는 $x=-2$

4 답 ㄱ, ㄴ

ㄱ. 이차식이다.

ㄴ. 정리하면 $2x+1=0$이므로 x에 대한 일차방정식이다.

ㄷ. 정리하면 $x^2+5x-9=0$이므로 x에 대한 이차방정식이다.

ㄹ. 정리하면 $-x^2+1=0$이므로 x에 대한 이차방정식이다.

따라서 이차방정식이 아닌 것은 ㄱ, ㄴ이다.

5 답 ④

주어진 이차방정식에 $x=2$를 대입하면

① $2^2+2-3\neq0$

② $-4\neq2\times(2-7)$

③ $6\times2^2+12\times2-18\neq0$

④ $(2+1)\times(2+6)=24$

⑤ $2+10\neq-3\times2^2$

따라서 $x=2$를 해로 갖는 것은 ④이다.

35 이차방정식의 한 근이 주어진 경우

1 답 (1) -3, -3, 9 (2) 8, 8, -4

　　(3) 3　(4) 3

2 답 (1) 0, 2 (2) 0, 27, 22

3 답 (1) -2 (2) 6

4 답 ①

$x^2+ax-a-1=0$에 $x=6$을 대입하면

$36+6a-a-1=0$

$5a=-35$　　$\therefore a=-7$

5 답 10

$x^2-5x-1=0$에 $x=p$를 대입하면

$p^2-5p-1=0,\ p^2-5p=1$

$\therefore p^2-5p+9=1+9=10$

36 인수분해를 이용한 이차방정식의 풀이

1 답 (1) 0, 3

　　(2) $x=-1$ 또는 $x=2$

　　(3) $x-2=0$ 또는 $x-5=0$,

　　　$x=2$ 또는 $x=5$

　　(4) $x-9=0$ 또는 $x+10=0$,

　　　$x=9$ 또는 $x=-10$

　　(5) $2x-1=0$ 또는 $3x-5=0$,

　　　$x=\dfrac{1}{2}$ 또는 $x=\dfrac{5}{3}$

　　(6) $5x+1=0$ 또는 $5x-3=0$,

　　　$x=-\dfrac{1}{5}$ 또는 $x=\dfrac{3}{5}$

2 답 (1) $x=-3$ 또는 $x=-4$

　　(2) $x=-7$ 또는 $x=4$

　　(3) $x=-3$ 또는 $x=8$

　　(4) $x=-5$ 또는 $x=9$

　　(5) $x=\dfrac{1}{3}$ 또는 $x=5$

　　(6) $x=-2$ 또는 $x=\dfrac{3}{5}$

3 답 ⑤

주어진 이차방정식의 해를 구하면

① $x=-3$ 또는 $x=9$

② $x=-\dfrac{1}{3}$ 또는 $x=\dfrac{9}{4}$

③ $x=-3$ 또는 $x=-\dfrac{9}{4}$

④ $x=\dfrac{1}{3}$ 또는 $x=\dfrac{4}{9}$

⑤ $x=3$ 또는 $x=\dfrac{9}{4}$

4 답 ②

$x^2-10x-11=0$의 좌변을 인수분해하면

$(x+1)(x-11)=0$

$\therefore x=-1$ 또는 $x=11$

37 이차방정식의 중근

1 답 (1) $x=2$ (2) $x=-9$

　　(3) $x=\dfrac{1}{3}$ (4) $x=-\dfrac{7}{6}$

2 답 (1) $x=-6$ (2) $x=10$

　　(3) $x=\dfrac{5}{4}$ (4) $x=-\dfrac{8}{5}$

3 답 (1) 16 (2) 225 (3) ±12 (4) ±10

4 답 ⑤

① $x^2=0$에서 $x=0$

② $x^2+10x+25=0$의 좌변을 인수분해하면

　$(x+5)^2=0$　　$\therefore x=-5$

③ $4x^2+x+4=5x+3$에서

　$4x^2-4x+1=0$

　좌변을 인수분해하면

　$(2x-1)^2=0$　　$\therefore x=\dfrac{1}{2}$

④ $12x^2+3=3x^2-12x-1$에서

$9x^2+12x+4=0$

좌변을 인수분해하면

$(3x+2)^2=0$　　$\therefore x=-\dfrac{2}{3}$

⑤ $(x+5)^2=4$에서

$x^2+10x+21=0$

좌변을 인수분해하면

$(x+3)(x+7)=0$

$\therefore x=-3$ 또는 $x=-7$

따라서 중근을 갖지 않는 것은 ⑤이다.

5 답 $\dfrac{8}{5}$

$x^2+6x+5k+1=0$이 중근을 가지려면

좌변이 완전제곱식이어야 하므로

$5k+1=\left(\dfrac{6}{2}\right)^2$에서 $5k+1=9$

$5k=8$

$\therefore k=\dfrac{8}{5}$

---

38 제곱근 또는 완전제곱식을 이용한 이차방정식의 풀이

1 답 (1) $x=\pm\sqrt{10}$

(2) $x=\pm2\sqrt{6}$

(3) $x=1\pm\sqrt{3}$

(4) $x=-2\pm\sqrt{5}$

(5) $x=2\pm\sqrt{10}$

(6) $x=-7\pm2\sqrt{3}$

(7) $x=-5\pm2\sqrt{2}$

(8) $x=6\pm3\sqrt{2}$

2 답 (1) $16,\ 16,\ 4,\ 11,\ 4\pm\sqrt{11}$

(2) $36,\ 36,\ 6,\ 40,\ -6\pm2\sqrt{10}$

(3) $4,\ 4,\ 2,\ 10,\ -2\pm\sqrt{10}$

(4) $1,\ 1,\ 1,\ 12,\ 1\pm2\sqrt{3}$

3 답 2

$3(x+5)^2=21$에서 $(x+5)^2=7$

$x+5=\pm\sqrt{7}$　　$\therefore x=-5\pm\sqrt{7}$

따라서 $-5\pm\sqrt{7}=a\pm\sqrt{b}$이므로

$a=-5,\ b=7$

$\therefore a+b=-5+7=2$

---

39 이차방정식의 근의 공식

1 답 (1) $1,\ 7,\ 4,\ 7,\ 7,\ 1,\ 4,\ 1,\ \dfrac{-7\pm\sqrt{33}}{2}$

(2) $1,\ -9,\ -7,\ -9,\ -9,\ 1,\ -7,\ 1,\ \dfrac{9\pm\sqrt{109}}{2}$

(3) $3,\ -11,\ 7,\ -11,\ -11,\ 3,\ 7,\ 3,\ \dfrac{11\pm\sqrt{37}}{6}$

(4) $4,\ -7,\ 2,\ -7,\ -7,\ 4,\ 2,\ 4,\ \dfrac{7\pm\sqrt{17}}{8}$

2 답 (1) $1,\ 2,\ 2,\ 2,\ 2,\ 1,\ 2,\ 1,\ -2\pm\sqrt{2}$

(2) $1,\ -3,\ 7,\ -3,\ -3,\ 1,\ 7,\ 1,\ 3\pm\sqrt{2}$

(3) $5,\ 1,\ -1,\ 1,\ 1,\ 5,\ -1,\ 5,\ \dfrac{-1\pm\sqrt{6}}{5}$

3 답 30

근의 공식에 $a=1$, $b=3$, $c=-6$을 대입하면

$$x=\dfrac{-3\pm\sqrt{3^2-4\times1\times(-6)}}{2\times1}$$

$$=\dfrac{-3\pm\sqrt{33}}{2}$$

따라서 $\dfrac{-3\pm\sqrt{33}}{2}=\dfrac{a\pm\sqrt{b}}{2}$이므로

$a=-3,\ b=33$

$\therefore a+b=-3+33=30$

---

40 복잡한 이차방정식의 풀이

1 답 (1) $5,\ 14,\ 7,\ 7$

(2) $12,\ 4,\ 4$

(3) $4,\ 6,\ 1,\ 3,\ -\dfrac{1}{3}$

(4) $12,\ 16,\ 1,\ 8x-1,\ \dfrac{1}{8}$

(5) $10,\ 5,\ 2,\ 5,\ 1,\ \dfrac{2}{5}$

(6) $10,\ 10,\ 4,\ 5,\ 2,\ 1,\ \dfrac{1}{2}$

(7) $2,\ 8,\ 4,\ 4,\ -\dfrac{4}{3},\ 4,\ \dfrac{2}{3},\ -\dfrac{4}{3},\ \dfrac{2}{3}$

2 답 $\dfrac{3}{14}$

주어진 이차방정식의 양변에 10을 곱하면

$14x^2-3x-5=0$

$(2x+1)(7x-5)=0$

$$\therefore x=-\frac{1}{2} \text{ 또는 } x=\frac{5}{7}$$

따라서 두 근의 합은

$$-\frac{1}{2}+\frac{5}{7}=\frac{3}{14}$$

1 답 (1) 9, 2개   (2) -39, 0개   (3) 41, 2개
　　(4) 0, 1개   (5) -87, 0개   (6) 0, 1개

2 답 (1) ① $k<\frac{9}{4}$ ② $k=\frac{9}{4}$ ③ $k>\frac{9}{4}$

　　(2) ① $k>-4$ ② $k=-4$ ③ $k<-4$

　　(3) ① $k<3$ ② $k=3$ ③ $k>3$

　　(4) ① $k>-\frac{9}{28}$ ② $k=-\frac{9}{28}$ ③ $k<-\frac{9}{28}$

3 답 ㄱ, ㄷ

ㄱ. $(-3)^2-4\times1\times0=9>0$이므로 서로 다른 두 근을 갖는다.

ㄴ. $4^2-4\times4\times1=0$이므로 중근을 갖는다.

ㄷ. $2^2-4\times7\times(-5)=144>0$이므로 서로 다른 두 근을 갖는다.

ㄹ. $x^2+5x=-11$, 즉 $x^2+5x+11=0$에서
　　$5^2-4\times1\times11=-19<0$이므로 근이 없다.

따라서 서로 다른 두 근을 갖는 이차방정식은 ㄱ, ㄷ이다.

4 답 $k\leq14$

$x^2+6x+k-5=0$이 해를 가지려면

$6^2-4(k-5)\geq0$이어야 하므로

$56-4k\geq0$, $-4k\geq-56$

$\therefore k\leq14$

1 답 (1) $x^2-2x-8=0$

　　(2) $x^2-8x+15=0$

　　(3) $-x^2-7x-6=0$

　　(4) $-x^2+4x+21=0$

　　(5) $2x^2-6x+4=0$

　　(6) $3x^2+24x+45=0$

　　(7) $-2x^2+4x+96=0$

　　(8) $12x^2-7x+1=0$

2 답 (1) $x^2+8x+16=0$

　　(2) $-x^2+10x-25=0$

　　(3) $-x^2-12x-36=0$

　　(4) $3x^2+48x+192=0$

　　(5) $-4x^2+4x-1=0$

　　(6) $\frac{1}{4}x^2-2x+4=0$

3 답 ②

두 근이 $-\frac{1}{3}$, $\frac{5}{2}$이고 x^2의 계수가 6인 이차방정식이므로

$$6\left(x+\frac{1}{3}\right)\left(x-\frac{5}{2}\right)=0$$에서

$$6\left(x^2-\frac{13}{6}x-\frac{5}{6}\right)=0$$

$$6x^2-13x-5=0$$

따라서 $a=-13$, $b=-5$이므로

$$a-b=-13-(-5)=-8$$

1 답 $x+1$, $x+1$, 13, 12, 12, 12, 12, 13, 12, 13

2 답 $x+1$, $x(x+1)$, 15, $x-14$, 14, 14, 14, 15, 14, 15

3 답 $x-3$, $x-3$, 13, 16, 16, 16, 16, 13, 16

4 답 8, 10

연속하는 두 짝수 중 작은 수를 x라 하면 두 짝수는

x, $x+2$이므로

$x^2+(x+2)^2=164$에서 $2x^2+4x-160=0$

$x^2+2x-80=0$

$(x-8)(x+10)=0$

$\therefore x=8$ 또는 $x=-10$

그런데 x는 자연수이므로 $x=8$

따라서 두 짝수는 8, 10이다.

5 답 9세

딸의 나이를 x세라 하면 어머니의 나이는 $(x+31)$세이므로

$x^2=2(x+31)+1$

$x^2-2x-63=0$

$(x+7)(x-9)=0$

$\therefore x=-7$ 또는 $x=9$

그런데 $x>0$이므로 $x=9$

따라서 딸의 나이는 9세이다.

44　이차방정식의 활용 (2) – 식이 주어진 경우

1 답 0, 6, 6, 6, 6, 6

2 답 160, 4, 8, 4, 8, 4, 8, 8

3 답 0, 1, 1, 1, 1, 1

4 답 1초 후 또는 5초 후
$20+30t-5t^2=45$에서 $-5t^2+30t-25=0$
$t^2-6t+5=0$
$(t-1)(t-5)=0$
$\therefore t=1$ 또는 $t=5$
따라서 물체의 지면으로부터의 높이가 45 m가 되는 것은 물체를 쏘아 올린 지 1초 후 또는 5초 후이다.

5 답 십이각형
$\dfrac{n(n-3)}{2}=54$에서 $n^2-3n-108=0$
$(n+9)(n-12)=0$
$\therefore n=-9$ 또는 $n=12$
그런데 $n\geq3$이므로 $n=12$
따라서 대각선의 개수가 54개인 다각형은 십이각형이다.

45　이차방정식의 활용 (3) – 도형

1 답 $x+4$, $x+4$, 7, 7, 7, 7, 7

2 답 $x-5$, $x-5$, 13, 13, 13, 13, 13

3 답 $x+3$, $x-4$, 3, 4, 9, 9, 9, 9, 9

4 답 15 cm
둘레의 길이가 46 cm이므로 직사각형의 가로의 길이와 세로의 길이의 합은
$46\div2=23$(cm)
이때 직사각형의 가로의 길이를 x cm라 하면 세로의 길이는 $(23-x)$ cm이므로
$x(23-x)=120$에서 $x^2-23x+120=0$
$(x-8)(x-15)=0$
$\therefore x=8$ 또는 $x=15$
그런데 $\dfrac{23}{2}<x<23$이므로 $x=15$
따라서 가로의 길이는 15 cm이다.

46　이차함수

1 답 (1) × (2) ○ (3) × (4) × (5) ○ (6) ○

2 답 (1) $y=4x$　(2) $y=2x^2+2x$
(3) $y=x^2+\dfrac{3}{2}x$　(4) $y=80x$
⇨ 이차함수인 것: (2), (3)

3 답 (1) 7　(2) 4　(3) 3　(4) 16

4 답 ②
① $y=2x\times2x=4x^2$ ⇨ 이차함수
② $y=x\times x\times x=x^3$ ⇨ 이차함수가 아니다.
③ $y=x\times x=x^2$ ⇨ 이차함수
④ (둘레의 길이)$=2\times\{$(가로의 길이)$+$(세로의 길이)$\}$이므로
(가로의 길이)$=\dfrac{10}{2}-x=5-x$
$\therefore y=x(5-x)=-x^2+5x$ ⇨ 이차함수
⑤ (원기둥의 부피)$=$(밑넓이)$\times$(높이)이므로
$y=\pi\times x^2\times15=15\pi x^2$ ⇨ 이차함수
따라서 이차함수가 아닌 것은 ②이다.

5 답 30
$f(-2)=(-2)^2-7\times(-2)-3=15$
$f(3)=3^2-7\times3-3=-15$
$\therefore f(-2)-f(3)=15-(-15)=30$

47　이차함수 $y=x^2$의 그래프

1 답 (1) $(0,\ 0)$　(2) $x=0$
(3) 제1, 2사분면　(4) $y=-x^2$

2 답 (1) $(0,\ 0)$　(2) $x=0$
(3) 제3, 4사분면　(4) $y=x^2$

3 답 (1) ○ (2) × (3) ○ (4) × (5) ○ (6) ×

4 답 ②
$y=x^2$에 주어진 점의 좌표를 각각 대입하면
① $-9=-(-3)^2$　② $\dfrac{9}{4}\neq-\left(-\dfrac{3}{2}\right)^2$　③ $-1=-1^2$
④ $-\dfrac{1}{9}=-\left(\dfrac{1}{3}\right)^2$　⑤ $-4=-2^2$
따라서 이차함수 $y=-x^2$의 그래프 위의 점이 아닌 것은 ②이다.

5 답 5

$y=x^2$에 $x=1$, $y=a$를 대입하면

$a=1^2=1$

$y=x^2$에 $x=b$, $y=16$을 대입하면

$16=b^2$　∴ $b=4$ ($\because b>0$)

∴ $a+b=1+4=5$

4 답 ④

주어진 이차함수의 x^2의 계수의 절댓값을 구하면

① 2　　② 3　　③ $\dfrac{5}{2}$　　④ 6　　⑤ $\dfrac{1}{2}$

x^2의 계수의 절댓값이 클수록 그래프의 폭이 좁아지므로 주어진 이차함수 중 그래프의 폭이 가장 좁은 것은 ④이다.

48 이차함수 $y=ax^2$의 그래프

1 답 (1)

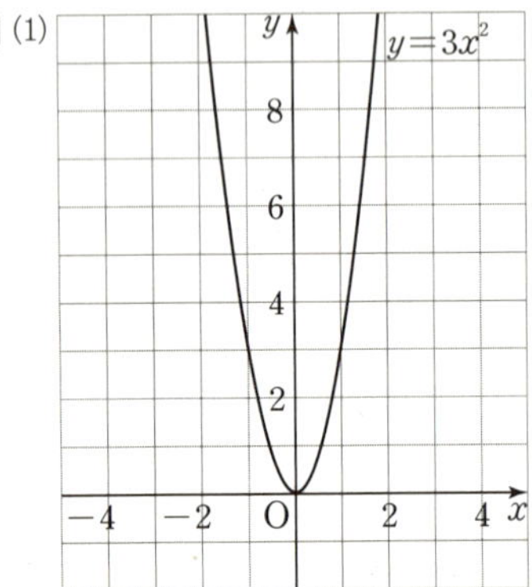

(2) $(0, 0)$

(3) $y=-3x^2$

2 답 (1)

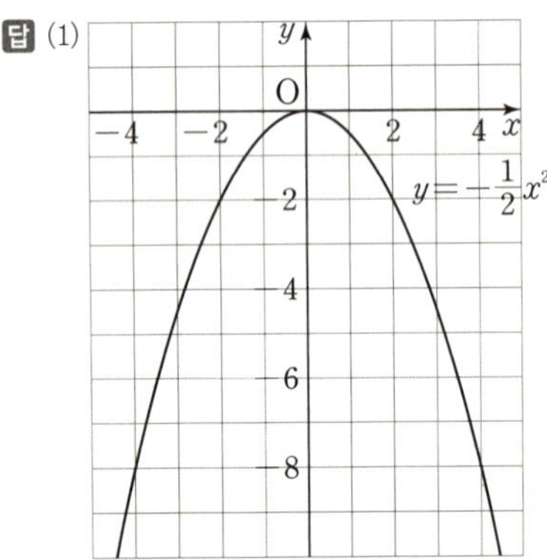

(2) $(0, 0)$

(3) $y=\dfrac{1}{2}x^2$

3 답 (1) ㄴ, ㄷ　(2) ㄹ　(3) ㄱ과 ㄴ

(1) x^2의 계수가 음수이면 그래프가 위로 볼록하므로

　ㄴ, ㄷ

(2) x^2의 계수의 절댓값이 작을수록 그래프의 폭이 넓어지므로

　ㄹ

(3) x^2의 계수의 절댓값이 같고 부호가 반대인 두 이차함수의 그래프는 x축에 서로 대칭이므로

　ㄱ과 ㄴ

49 이차함수 $y=ax^2+q$의 그래프

1 답 (1)

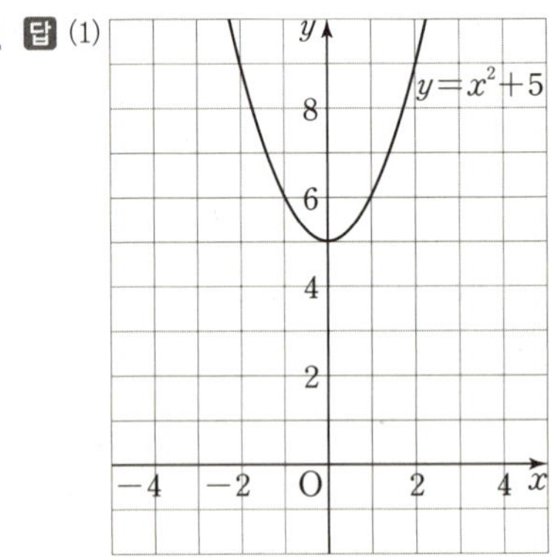

(2) y, 5

(3) ① $x=0$　② $(0, 5)$

2 답 (1) ① $y=-2x^2+3$

　② $x=0$

　③ $(0, 3)$

(2) ① $y=\dfrac{2}{5}x^2-\dfrac{1}{2}$

　② $x=0$

　③ $\left(0, -\dfrac{1}{2}\right)$

3 답 ⑤

$y=\dfrac{1}{4}x^2-1$에서 x^2의 계수가 양수이므로 그래프는 아래로 볼록하고, 꼭짓점의 좌표는 $(0, -1)$이다.

따라서 이차함수 $y=\dfrac{1}{4}x^2-1$의 그래프로 적당한 것은 ⑤이다.

4 답 ③

x^2의 계수가 같은 이차함수의 그래프는 평행이동하여 완전히 포개어진다.

따라서 이차함수 $y=-\dfrac{1}{3}x^2+1$의 그래프와 평행이동하여 완전히 포개어지는 것은 ③이다.

⑤⓪ 이차함수 $y=a(x-p)^2$의 그래프

1 답 (1)

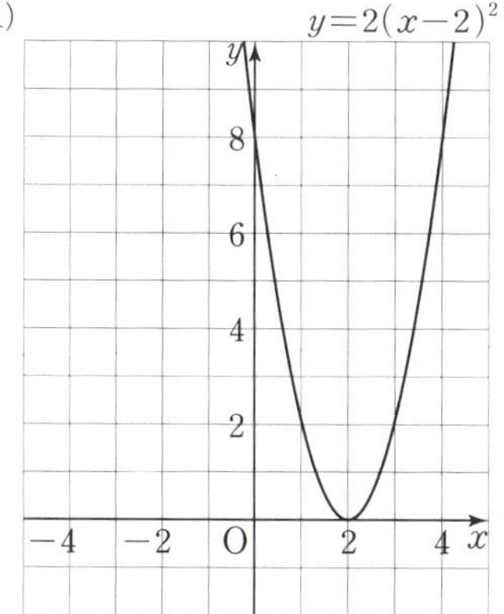

(2) x, 2

(3) ① $x=2$ ② $(2, 0)$

2 답 (1) ① $y=4(x-5)^2$

② $x=5$

③ $(5, 0)$

(2) ① $y=\dfrac{1}{3}(x+2)^2$

② $x=-2$

③ $(-2, 0)$

(3) ① $y=-5\left(x+\dfrac{1}{2}\right)^2$

② $x=-\dfrac{1}{2}$

③ $\left(-\dfrac{1}{2}, 0\right)$

3 답 ㄴ, ㄹ

이차함수 $y=\dfrac{1}{2}(x-6)^2$의 그래프는

ㄱ. 직선 $x=6$을 축으로 한다.

ㄷ. $y=\dfrac{1}{2}(x-6)^2$에 $x=4$, $y=3$을 대입하면

$3\neq\dfrac{1}{2}\times(4-6)^2$이므로 점 $(4, 3)$을 지나지 않는다.

따라서 옳은 것은 ㄴ, ㄹ이다.

4 답 1, 3

이차함수 $y=5(x-2)^2$의 그래프가 점 $(k, 5)$를 지나므로

$y=5(x-2)^2$에 $x=k$, $y=5$를 대입하면

$5=5(k-2)^2$, $(k-2)^2=1$

$k^2-4k+3=0$

$(k-1)(k-3)=0$

$\therefore k=1$ 또는 $k=3$

⑤① 이차함수 $y=a(x-p)^2+q$의 그래프

1 답 (1) -3, -1 (2) 1, 2 (3) $-5x^2$, -3, -7

(4) $\dfrac{1}{5}x^2$, -8, 15 (5) $-\dfrac{1}{3}x^2$, -9, 6

2 답 (1) ① $x=4$ ② $(4, -3)$

(2) ① $x=5$ ② $(5, 11)$

(3) ① $x=-1$ ② $(-1, 6)$

(4) ① $x=2$ ② $\left(2, -\dfrac{1}{2}\right)$

3 답 ③

이차함수 $y=-(x+2)^2+3$의 그래프는 꼭짓점의 좌표가

$(-2, 3)$이고, 위로 볼록한 포물선이므로 그래프로 알맞은 것은

③이다.

4 답 ②

주어진 이차함수의 그래프의 꼭짓점의 좌표를 각각 구하면

다음과 같다.

① $(-4, 0)$ ② $(1, -3)$

③ $(2, 5)$ ④ $(-1, -7)$

⑤ $(-2, 6)$

따라서 꼭짓점이 제4사분면 위에 있는 것은 ②이다.

⑤② 이차함수 $y=a(x-p)^2+q$의 그래프에서 a, p, q의 부호

1 답 (1) $<$, $<$, $>$ (2) $>$, $>$, $<$ (3) $<$, $>$, $>$

(4) $>$, $<$, $>$ (5) $<$, $=$, $>$ (6) $>$, $>$, $=$

2 답 ③

$a>0$이므로 그래프는 아래로 볼록하고,

$p<0$, $q>0$이므로 꼭짓점 (p, q)는 제2사분면 위에 있다.

따라서 이차함수 $y=a(x-p)^2+q$의 그래프로 적당한 것은

③이다.

⑤③ 이차함수 $y=a(x-p)^2+q$의 식 구하기

1 답 (1) 1, 2, 2, -3, -1, $-(x-1)^2-2$

(2) $x-2$, 4, 4, 5, $\dfrac{1}{4}$, $y=\dfrac{1}{4}(x-2)^2+4$

2 답 1, $a+q$, $4a+q$, 2, 1, $2(x-1)^2+1$

3 답 $y=-2(x-3)^2+5$

꼭짓점의 좌표가 $(3, 5)$이므로 이차함수의 식을
$y=a(x-3)^2+5$로 놓자.
이 이차함수의 그래프가 점 $(1, -3)$을 지나므로
$y=a(x-3)^2+5$에
$x=1$, $y=-3$을 대입하면
$-3=a(1-3)^2+5$
$4a=-8$
$\therefore a=-2$
따라서 구하는 이차함수의 식은
$y=-2(x-3)^2+5$

4 답 2

이차함수 $y=a(x-p)^2+q$의 그래프의 축의 방정식이
$x=-1$이므로
$p=-1$
$\therefore y=a(x+1)^2+q$
이 이차함수의 그래프가 두 점 $(1, -6)$, $(-2, 3)$을 지나므로
$y=a(x+1)^2+q$에 $x=1$, $y=-6$을 대입하면
$-6=4a+q$ $\cdots$ ㉠
$y=a(x+1)^2+q$에 $x=-2$, $y=3$을 대입하면
$3=a+q$ $\cdots$ ㉡
㉠, ㉡을 연립하여 풀면
$a=-3$, $q=6$
따라서 $a=-3$, $p=-1$, $q=6$이므로
$a+p+q=-3+(-1)+6=2$

---

54 이차함수 $y=ax^2+bx+c$의 그래프 (1)

1 답 (1) 1, 1, 1, 1, 8
  (2) 9, 9, 9, 9, 10
  (3) 25, 25, 25, 25, 5, 13

2 답 (1) 9, 9, 9, 18, 21
  (2) 4, 4, 4, 20, 29
  (3) 1, 1, 1, 3, 8

3 답 (1) $y=(x+4)^2-13$
  (2) $y=-\dfrac{1}{4}(x+2)^2+6$

---

4 답 $p=1$, $q=-1$

$y=3x^2-6x+2$
$\quad=3(x^2-2x)+2$
$\quad=3(x^2-2x+1-1)+2$
$\quad=3(x^2-2x+1)-3+2$
$\quad=3(x-1)^2-1$
따라서 $3(x-1)^2-1=3(x-p)^2+q$이므로
$p=1$, $q=-1$

5 답 $(4, -9)$

이차함수 $y=x^2+ax+7$의 그래프가 점 $(2, -5)$를 지나므로
$y=x^2+ax+7$에 $x=2$, $y=-5$를 대입하면
$-5=4+2a+7$, $2a=-16$
$\therefore a=-8$
즉, $y=x^2-8x+7$에서
$y=x^2-8x+7$
$\quad=(x^2-8x)+7$
$\quad=(x^2-8x+16-16)+7$
$\quad=(x^2-8x+16)-16+7$
$\quad=(x-4)^2-9$
따라서 구하는 꼭짓점의 좌표는 $(4, -9)$이다.

---

55 이차함수 $y=ax^2+bx+c$의 그래프 (2)

1 답 (1) ① $(3, -8)$ ② $(0, 1)$ ③ 아래로 볼록

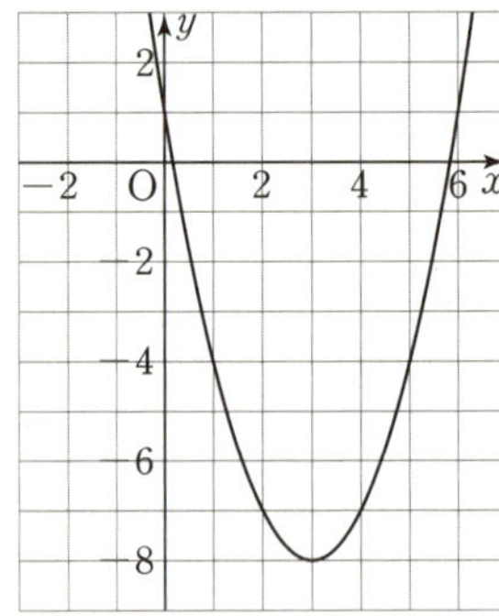

(2) ① $(-1, 5)$ ② $(0, 0)$ ③ 위로 볼록

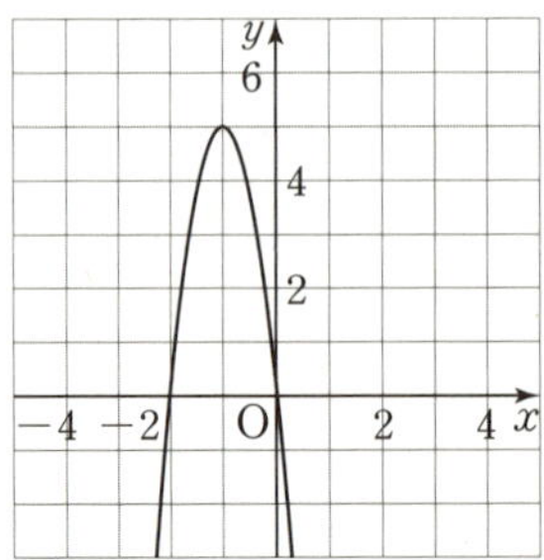

(3) ① $(3, 3)$ ② $(0, -3)$ ③ 위로 볼록

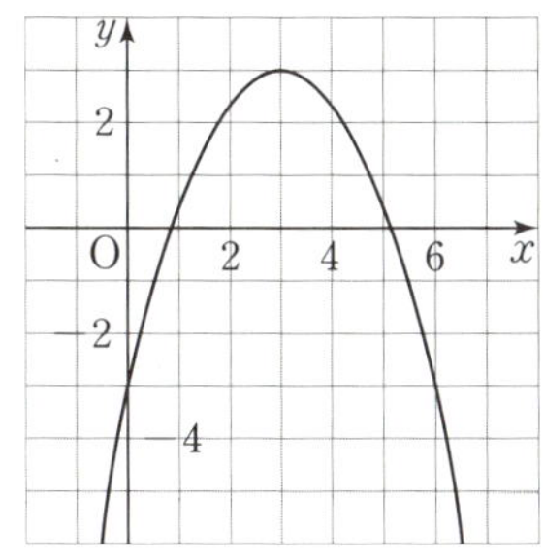

2 답 (1) 0, 0, 3, 3, 0, 3, 0
   (2) 0, 0, 2, 2, 0, 2, 0

3 답 ②

$y = -\dfrac{1}{3}x^2 + 2x - 1$

$\quad = -\dfrac{1}{3}(x^2 - 6x) - 1$

$\quad = -\dfrac{1}{3}(x^2 - 6x + 9 - 9) - 1$

$\quad = -\dfrac{1}{3}(x^2 - 6x + 9) + 3 - 1$

$\quad = -\dfrac{1}{3}(x - 3)^2 + 2$

즉, 이차함수 $y = -\dfrac{1}{3}x^2 + 2x - 1$의 그래프는 다음 그림과 같다.

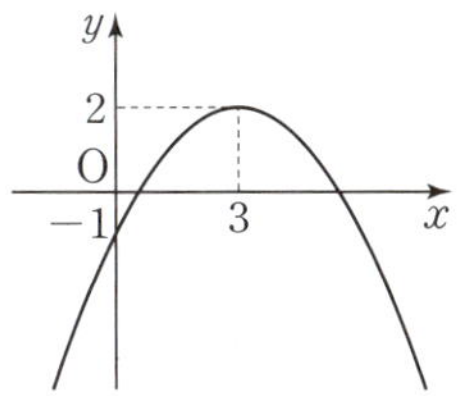

따라서 이차함수 $y = -\dfrac{1}{3}x^2 + 2x - 1$의 그래프가 지나지 않는 사분면은 제2사분면이다.

4 답 x축과 만나는 점의 좌표: $\left(-\dfrac{1}{2}, 0\right)$, $(2, 0)$,
   y축과 만나는 점의 좌표: $(0, -2)$

$y = 2x^2 - 3x - 2$에 $y = 0$을 대입하면

$0 = 2x^2 - 3x - 2$

$2x^2 - 3x - 2 = 0$

$(2x + 1)(x - 2) = 0$

$\therefore x = -\dfrac{1}{2}$ 또는 $x = 2$

$y = 2x^2 - 3x - 2$에 $x = 0$을 대입하면

$y = -2$

따라서 x축과 만나는 점의 좌표는 $\left(-\dfrac{1}{2}, 0\right)$, $(2, 0)$이고, y축과 만나는 점의 좌표는 $(0, -2)$이다.

---

56 이차함수 $y = ax^2 + bx + c$의 그래프에서 a, b, c의 부호

1 답 (1) $>$, $<$, $<$, $<$ (2) $<$, $>$, $<$, $>$
   (3) $>$, $<$, $<$, $>$ (4) $<$, $>$, $<$, $<$
   (5) $>$, $=$, $=$, $<$ (6) $<$, $<$, $>$, $=$

2 답 ①

그래프가 위로 볼록하므로

$a < 0$

축이 y축의 왼쪽에 있으므로 $ab > 0$에서

$b < 0$

y축과 만나는 점이 x축보다 아래쪽에 있으므로

$c < 0$

3 답 제3사분면

$a > 0$이므로 그래프는 아래로 볼록하고,

$c < 0$이므로 y축과 만나는 점이 x축보다 아래쪽에 있다.

$a > 0$, $b > 0$에서 $ab > 0$이므로 축은 y축의 왼쪽에 있다.

따라서 이차함수 $y = ax^2 + bx + c$의 그래프는 다음 그림과 같으므로 꼭짓점이 제3사분면 위에 있다.

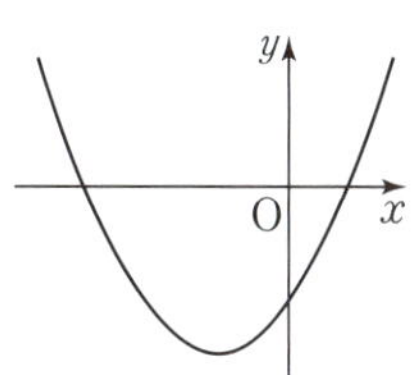

---

57 이차함수 $y = ax^2 + bx + c$의 식 구하기

1 답 (1) -7, 7, 7, 7, 2, 4, $2x^2 + 4x - 7$
   (2) 6, 6, $a - b + 6$, $a + b + 6$, -4, -1,
      $y = -4x^2 - x + 6$

2 답 1, 3, -1, 1, $-x^2 - 6x - 5$

3 답 (1) $y = 3x^2 + x + 5$
   (2) $y = -2x^2 + 4x + 16$

(1) 구하는 이차함수의 식을 $y = ax^2 + bx + c$로 놓으면
   이 이차함수의 그래프가 점 $(0, 5)$를 지나므로
   $c = 5$

즉, 이차함수 $y=ax^2+bx+5$의 그래프가

두 점 $(-1, 7)$, $(1, 9)$를 지나므로

$7=a-b+5$　　$\therefore a-b=2$　$\cdots$ ㉠

$9=a+b+5$　　$\therefore a+b=4$　$\cdots$ ㉡

㉠, ㉡을 연립하여 풀면

$a=3$, $b=1$

$\therefore y=3x^2+x+5$

(2) x축과 두 점 $(-2, 0)$, $(4, 0)$에서 만나므로

구하는 이차함수의 식을 $y=a(x+2)(x-4)$로 놓자.

이 이차함수의 그래프가 점 $(3, 10)$을 지나므로

$10=a(3+2)(3-4)$

$-5a=10$　　$\therefore a=-2$

$\therefore y=-2(x+2)(x-4)$

$\quad\ =-2x^2+4x+16$

4 답 -3, -1

x축과 두 점 $(-5, 0)$, $(1, 0)$에서 만나므로

구하는 이차함수의 식을 $y=a(x+5)(x-1)$로 놓자.

이 이차함수의 그래프가 점 $(2, -14)$를 지나므로

$-14=a(2+5)(2-1)$

$7a=-14$　　$\therefore a=-2$

$\therefore y=-2(x+5)(x-1)=-2x^2-8x+10$

따라서 이차함수 $y=-2x^2-8x+10$의 그래프가 점 $(k, 16)$을

지나므로

$16=-2k^2-8k+10$

$k^2+4k+3=0$

$(k+3)(k+1)=0$

$\therefore k=-3$ 또는 $k=-1$

58 이차함수의 그래프와 도형의 넓이

1 답 (1) $A(-1, 9)$　(2) $B(-4, 0)$, $C(2, 0)$　(3) 27

2 답 (1) $A(3, 4)$　(2) $B(1, 0)$, $C(5, 0)$　(3) 8

3 답 (1) $A(-1, 0)$, $B(4, 0)$　(2) $C(0, 4)$　(3) 10

4 답 8

$y=x^2+8x+12$에 $y=0$을 대입하면

$0=x^2+8x+12$

$(x+6)(x+2)=0$　　$\therefore x=-6$ 또는 $x=-2$

$\therefore A(-6, 0)$, $B(-2, 0)$

$y=x^2+8x+12=(x+4)^2-4$이므로 그래프의 꼭짓점의 좌표는

$(-4, -4)$　　$\therefore C(-4, -4)$

$\therefore \triangle ACB=\dfrac{1}{2}\times\{(-2)-(-6)|\times|-4|$

$\qquad\qquad\ =\dfrac{1}{2}\times 4\times 4=8$

5 답 ②

$y=x^2+2x-3=(x+1)^2-4$이므로

그래프의 꼭짓점의 좌표는 $A(-1, -4)$

$y=x^2+2x-3$에 $x=0$을 대입하면

$y=-3$　　$\therefore B(0, -3)$

$\therefore \triangle OAB=\dfrac{1}{2}\times|0-(-3)|\times|-1|$

$\qquad\qquad\ =\dfrac{1}{2}\times 3\times 1=\dfrac{3}{2}$

memo

memo